진정한 나는
어디에 있는가

진정한 나는 어디에 있는가

정인석 저

학지사

日旣暮而猶煙霞絢爛하고 歲將晚而更橙橘芳馨하나니
故로 末路晚年을 君子更宜精神百倍니라.

해가 서산마루를 넘어가고 나서 저녁노을이 더욱 장엄하고 찬란하게 빛나듯이, 한 해가 거의 저물어 가는 겨울 무렵에야 등자와 귤橙橘은 새로이 향기를 발하듯이, 군자도 인생의 황혼기인 만년에 더욱 마음을 다지고 백배의 노력을 기울여 인생 유종의 미를 거둘 수 있어야 한다.

『채근담菜根譚』에서

차례

진실된 삶을 추구하기 위하여

▌'진정한 나'는 어디에 있는가?

진정한 나는 내 밖에 있는 것이 아니라 내 마음과 의식 속에 있다. 타고난 나의 본성이 욕심이 지나쳤을 때는 제동을 걸어 빗나가지 않게 하고, 실의에 빠졌을 때는 실망하지 않고 용기와 희망을 주고, 작은 성공에 안주하고 있을 때는 더 큰 그릇이 될 수 있는 지지와 격려를 주며 살아왔다고 한다면, 이런 사람은 진정한 나는 내 안에 있다고 생각하게 된다.

우리 주변에는 사회적으로는 성공했지만 자신이 없는 사람이 있는가 하면, 사회적으로 성공하지는 못했지만 자신이 있는 사람이 있다. 전자는 자신의 본성에 거슬러 살았기에 삶의 의미와 가치를 터득하지 못한 사람이며, 후자는 자신의 본성에 따라서 살았기에 실패해도 소신을 가지고 삶의 의미와 가치를 터득한 사람의 경우이다. 요컨대, 전자는 생존으로서는 살고 있으나, 실존으로서는 살고 있지 못하기 때문에 '진정한 나는 어디에 있는가'라고 고민하게 된다.

당신은 지금까지 살아오면서 나의 부당한 이익을 위해 또는 교활한 자의 마음에 들고자 얼마나 위선적이고 소모적인 생활을 해 왔으며, 그럴 때마다 본래의 나의 진실된 본성으로부터 얼마나 멀리 떨어져 살아왔는지 생각해 본 일이 있는가?

만약 당신이 경제적 부, 사회적 지위와 명예, 정치적 권익을 얻기 위해 비리·부정인 줄 알면서도 이에 야합하는 위선과 타락의 길을 걸어왔다고 한다면 당신은 진실된 나, 참 나로부터 너무 멀리 빗나간 사람이다. 가장 정의롭고 도전적인 젊은 세대인데도 사소한 좌절에 굴한 나머지 인생의 모든 것이 끝이 난 것으로 착각하여 현실 도피적인 은둔 생활을 하는 사람이 있다면, 이런 사람은 진정한 나로부터 멀리 떨어져 있는 사람이다.

▌나를 알고 살다

진정한 나로서 산다는 것은 나를 바르게 보고 바르게 판단(정견正見)하며, 악을 배격하고 선을 실현하는 노력(정정진正精進)을 통해서 인생을 올바른 나로 사는 일이다. 그래서 지족불욕知足不辱이라는 말도 있다.

사람이 올바르게 살기 위해서는 항상 자신에 대해 직시하고 성찰하는 항심恒心이 필요하다. 우리에게 너무도 잘 알려져 있는 고대 그리스의 철학자 탈레스Thalēs 등 칠현자에 의해 봉납된 델포이의 아폴로 신전의 비명 속에 담겨 있는 '도를 넘지 말라.'와 더불어 유명한 '네 자신을 알라(그노티 세아우톤, Gnothi Seauton/know your self).'의 잠언을 교훈으로 살아온 소크라테스Socrates는 자신의 철학의 출발점으로 '무지의 지'의 인식과 실천에 두었다.

그에게 무엇보다도 중요했던 것은 '올바르게 산다eu zēn.'는 것을 보증하는 '덕arete'의 체득이었다. 그러기에 그는 '덕즉지식'이라는 애지philosophia(사랑philos+지혜sophia)의 윤리관으로 나라의 올바른 개선과 젊은이의 인간 교육을 위해 헌신적인 삶을 살았다.

그는 평생을 바르게 사는 것을 보증하는 '지식epistēmē'을 실천을 통해서 체득하는 사람이었다. 그러기에 그의 관심사는 '인간'이었으며, 자연도 아니었고 지식도 아니었다. 그의 이와 같은 인간에 대한 깊은 관심은 부모로부터의 영향이라고 볼 수도 있다. 왜냐하면, 아버지(소프로니스코스Sophroniscus)는 자연을 소재로 '인간상'을 조각하는 돌조각가였으며, 어머니(파이나레테Phaenarete)는 새생명의 탄생을 돕는 조산원이었기 때문에 그도 역시 참다운 인간 도야를 돕는 산파역에 관심을 두었다.

기실 소크라테스 이전의 그리스 철학이란 일종의 자연과학과 같은 것이어서 우주의 다양한 자연현상만이 관심의 대상이었으나, 소크라테스에 이르러 비로소 인간에 대해 철학적인 관심을 돌리게 되었다고 한다.

우리는 소크라테스의 다음과 같은 삶에서 그 교훈을 찾아볼 수가 있다.

① 신은 내게 인간적 지혜의 산파역을 맡겼다고 생각하여, 진리는 끝없이 질문을 하는 사람에게 나타나며, 자신의 무지를 인정하게 되면 절망의 무無에 도달하는 것이 아니라 삶에 가장 중요한 지식에 도달할 수 있다고 믿었다.

② 그리스의 신들과 폴리스Polis[1]의 신성함에 대한 믿음으로 살았다.

③ 소크라테스는 위기의 순간을 맞을 때마다 자기에게 금지의 메시지를 전달해 주는 자신의 신령(다이모니온daimonion)[2]의 소리에 따랐다.

그렇지만 그는 기원전 399년에 '조국의 신'을 섬기지 않고 '다이모니온'에 대한 새로운 신앙을 섬기며, '젊은이들'을 타락시키고 있다는 세 가지 죄목으로 아테네 정계의 유력자 아뉘토스Anytos(B.C. 5~4세기)[3]에 의해 멜레토스Melētos(B.C. 5~4세기)의 명의로 기소되어 사형선고(B.C. 399)를 받았다.

---

1) 폴리스는 노모스nomos(법)를 중심으로 자유인이 자발적 헌신과 복종이라는 의무감과 평등한 자격으로 참여하는 소규모의 반전제군주적 도시국가인 정치 공동체이다.
2) 다이모니온은 소크라테스의 애지사상과 명상이 가장 심화되었을 때 자연스럽게 들려오는 일종의 계시와 같은 신령적인 소리. 신과 인간의 만남과 대화를 맡고 있는 신령적인 중간자이다.
3) 펠로폰네소스 전쟁Peloponnesian War(B.C. 431~404)이 스파르타Sparta군의 아테네 입성으로 끝난 후 아테네 사회는 혼란의 극에 달하여 국민 정신은 퇴폐하고 자기 이익과 향락만을 찾는 개인주의와 이기주의가 성행하였다. 정치적으로는 망명자의 귀국파와 민주파, 중간파가 있었으며 아뉘토스Anytos는 멜레토스Melētos의 변호인이며 중간파에 속했다.

그는 부유하고 충실한 친구 크리톤Criton의 도움으로 죽지 않을 방법이 있었고, 탈옥하여 처형을 면할 수 있었음에도 악법이라 하더라도 국법에 복종하는 것이 지성인의 태도라고 생각하여 이를 모두 사양하였다. 진실로 그는 '무지의 지' '무상無相의 자기'로서 살다간 사람이었다.

소크라테스는 펠로폰네소스 전쟁Peloponnesian War(B.C. 431~404)에서 스파르타Sparta에게 패배한 아테나이가 정치적 혼란과 사회질서의 붕괴로 개인주의·이기주의가 만연하여 국민적·국가적 정신도 쇠퇴하여 불안하고 퇴폐적인 사회로 병들어 가는 것을 보고 평화와 번영의 시대였던 페리클레스Pericles(B.C. 495?~429: 아테나이의 대정치가) 선정善政의 황금시대에 가졌던 애국심과 국법의 준수를 역설하였다. 때문에 그는 타락한 사회의 불문율과의 타협을 거부하고 죽음을 택했다. 참으로 인류의 귀감이 될 애지자philosophos의 용기 있는 결단을 보여 주었다.

그는 당시에 횡행하는 비진리를 굴욕적으로 받아들이는 비굴한 처사를 완강히 거부하였다. 소크라테스에게 '죽음'이란 비극이 아니었고, 초월의 대상이었다. 그리고 '사람은 경건하고 평안한 마음으로 이 세상을 떠나야 한다.'고 친구들에게 말하고 선善과 진리眞理와의 동행을 선택하였으며 '시민으로서의 덕Politikē aretē'을 실천하였다. 참으로 그의 삶은 '죽음을 향하는 삶'이 아니라 '선으로 향하는 삶'이었다.

그는 '설득'에 필요한 수사와 변론술의 전문지식sophia을 가진

'사람sophist'과 이를 초극하여 진실된 지智를 희구하는 '애지자'를 구별하고, 행동으로 애지 철학의 지평을 열어 놓았다. 그에게 무엇보다도 중요했던 것은 '올바르게 산다.'는 것을 보증하는 '덕'을 체험을 통해 습득하는 것이었다. 소크라테스가 아테나이의 시민에게 호소했던 것도 '무지의 지' '바르게 살기 위한 정신' '덕德은 지智다.' 라는 명제였다.

▌덕은 득이다

우리가 일상적으로 사용하고 있는 말 가운데 '덕德'이라는 말도 인간으로서 지켜야 할 윤리적인 우월성을 의미하고 있지만 훈고적訓詁的인 해석으로 본다면 '덕德'은 득得이다(인간으로서의 도리를 행함으로써 얻는 것이 덕이다行道有得). 요컨대, 덕은 올바른 행동의 결과로써 얻게 된다는 것이다.

그러기에 '덕을 쌓아라.'라는 말의 의미도 '득得'의 뜻과 맥을 같이 하고 있다. 인간으로서 훌륭한 도리를 실현하여 덕을 많이 쌓아 간다고 하는 것은 그만큼 그가 참다운 나로서 살아가는 한 모습이라고 볼 수가 있다.

사람들 가운데는 재주는 있으나 덕이 부족한 '재승덕박才勝德薄'한 사람이 있는가 하면 덕이 재주보다 뛰어난 '덕승재박德勝才薄'한 사람도 있다. 전자는 성격적으로 두뇌형이어서 행동경향성으로 보아 이기적·지배적·과시적이며, 후자는 공감적·봉사적·겸양적이다. 그리고 자신에 대해 엄격하고 반성적이며 신분과 역할과 분수를 알고 살기 때문에 타고난 본성이나 특질을 벗어나지 않는다. 이런 사람은 자신의 '마음자리'를 알고 살고 있기 때문에 '진정한 나는 어디에 있는가.'라고 고민할 필요가 없다. 그것은 지금 자기가 살고 있는 그 모습이 진정한 나로서 살고 있기 때문이다.

사람은 인기 있고 잘 풀릴 때, 대가가 되고 높은 자리에 올랐을 때, 더 삼가고 조심해야 한다. 그러지 못할 때 오만불손해지기 쉽고 등고자비할 줄 몰라서 교만해져서 차라리 그 전의 자기보다 더 못한 사람도 있다. 그래서 크게 후회하게 된다. 사람은 생을 마치는 날까지 자신에 대해 살필 줄 아는 성찰省察을 게을리해서는 안 된다. 진정으로 자신을 사랑하고자 한다면 '긍정적인 자기상과 사회와의 유기적인 연대감'에 근거한 '자기존중'을 할 줄 알아야 한다. 특히 인생의 말년에는 정신을 백 배 더 가다듬어야 한다. 『구약성서』에 '사랑은 갑옷을 벗을 때 하라.'는 말이 있다. 참으로 천금 같은 말이다.

진정한 자기, 참다운 나, 올바른 나란 자기를 소중하게 생각하며 자기를 존중할 줄 알고 자기를 긍정적으로 느낄 줄 아는 '나'이다. 이것이 자중자애自重自愛이며 자존감이다.

진정성authenticity이란 나가 나라고 하는 '동일성'의 주체적인 의식 체험을 긍정적이며 소중하게 생각하는 '자아의 능동성'이나 '긍정적인 자기 개념'과 연결되어 있는 자신의 가치와 능력의 감성이다. 어원을 보아도, 진정성이란 그리스어 '오덴티고스

authentikós'에서 연유하였으며, 이는 주체적인 자기의식 속에 있는 진정한 것, 순수무구한 상태가 나라는 의식과 관계를 맺어 인격 변화를 가져다주는 '창조적인 것' '독창적인 것' '신뢰할 만한 것' '진정하고 진실한 것'을 의미한다.

▌프랑클의 인생에서 배우다

인간은 스스로 결단할 자유가 있는 주체이기에 진정한 나로서 살아갈 자유와 책임을 갖는 존재이다. 또한 인간의 근원적인 관심은 '의미를 추구하는 의지'의 실현에 있으며, 그저 자극에 대해 '반응'하는 피동적인 존재가 아니라 자기 인생의 자신에 대한 물음에 '응답'하는 자율적 존재이다. 그래서 그 '답'을 찾고 '진정한 나'로서 살아가기 위해 고민하게도 된다. 그것은 사람이 '진정한 나'를 만나지 못하게 되면 사는 것이 무의미해서 삶의 보람을 느끼지 못하기 때문이다.

인생에는 공짜가 없다. 매일같이 고급 음식에 벤츠를 타고 쇼핑을 즐기며 술과 여행으로 재미 보는 생활을 한다 해도 이런 사람은 자기만이 추구하는 가치의 세계가 없고 진정한 인생의 목적의식이 없기 때문에 사는 것에서 쉽게 권태를 느끼며 허무감에 사로잡히기 쉽다.

이는 일상생활에서 자기의식의 일관성이나 독자성이라는 자기정체성self identity이 불확실해서 '이것도 나 저것도 나'라는 '정체성의 확산identity diffusion' 때문에 '참다운 나란 무엇인가.'라고 물어 보아도 확신을 가지고 대답할 수 없는 사람이다.

　인간의 정신이 갖는 '자유성'과 '책임성'을 중시한 빈 태생의, 비극적인 극한 상황을 의미 추구의 태도로 극복한 실존적 정신 의학자인 프랑클Viktor E. Frankl(1905~1997)은 인생에서 의미 실현의 방법을 현상학적으로 분석하여 '창조가치' '체험가치' '태도가치'라는 세 가지 범주로 나누고, 그중에서도 태도가치를 가장 중요하다고 보았다.

　프랑클의 '삶의 의미' 발견의 지표 설정도 인생에는 '실현해야 할 의미'가 있고 발견되고 실현되기를 기다리고 있는 것이 있다는 믿음에서 출발하였다. '실현시켜야 할 의미'가 없는 사람은 있을 수 없으며, 다만 아직 발견하지 못했을 뿐이라고 보았다.

　이렇듯 어떤 상황에서도 자기가 실현해야 할 '의미'를 탐색하는 태도는 자신의 삶을 심화시키고 진실되게 살아갈 수 있는 매우 바람직한 생활 태도라고 본다. 때문에 앞에서 그가 말한 '세 가지 가치 영역'이란 자신의 의미 있는 생활을 발견하는 지표로서 매우 그 의미가 크다.

　이와 같은 이유에서 프랑클 심리학은 누구에게나 다음과 같은 물음을 주며 자기 발견을 도와준다.

・"당신은 자기 인생으로부터 무엇을 하기를 바라고 있다고 생각합니까?"
・"인생에서 당신이 해야 할 일이 무엇이라고 생각합니까?"

• "당신의 인생에서 당신에게 발견되고 실현되기를 바라고 있는 '의미' 있는 것이란 어떤 것이라고 생각합니까?"

이와 같은 물음이 프랑클 심리학의 기본적인 물음이다. 그 배후에는 "나는 내 인생에서 해야 할 것을 하고 있다." "나는 나의 삶의 의미를 발견하며 실현하고 있다."라고 하는 의식이 나의 삶의 의욕을 키워 준다는 생각이 자리 잡고 있다.

이들의 기본적인 물음은 앞에서 말한 '세 가지 가치 영역의 범주'를 단서 삼아 다음과 같은 형태로 구체화할 수 있다.

'창조가치'의 발견을 촉구하는 물음

• "무언가가 당신을 필요로 하고 있는 일이 있지는 않습니까?"
• "당신의 인생에서 당신이 할 수 있고 실현할 수 있는 것에는 무엇이 있습니까?"

'체험가치'의 발견을 촉구하는 물음

• "누군가 당신을 필요로 하고 있는 사람은 없습니까?"
• "당신을 필요로 하고 있는 사람, 당신이 하는 일을 좋아하고 있는 사람이 있습니까?"
• "당신을 필요로 하고 있는 집단은 없습니까?"

'태도가치'의 발견을 촉구하는 물음

- "궁지에 빠져 있는 절망적인 상황 속에서 당신이 할 수 있는 일이 있다면 그것은 무엇이라고 생각합니까?"
- "당신은 어떤 역경에 직면하였을 때 출생 신분이나 출신 학교를 원망해 본 일이 있습니까? 이 경우에 당신은 무엇에 대하여 고민해야 한다고 생각합니까?"

프랑클 심리학은 이상과 같은 질문을 통해서 자신이 자기 인생에서 '해야 할 것' '할 수 있는 것' '실현시켜야 할 의미'를 발견할 수 있도록 돕는 데 그 의미가 있다. "무엇이(누가) 나를 필요로 하고 있는가?" "무엇을(누구를) 위해서 내가 할 수 있는 것은 무엇인가?" "내 인생이 내게 바라고 있는 것은 무엇이며, 요청하고 있는 것은 무엇인가?"라는 자문자답을 할 수 있도록 돕는 데 그 의미가 있다. 나를 필요로 하는 일이 있고 사람이 있어서, 나도 어떤 일과 누군가를 위해서 할 수 있다는 것을 실감했을 때만큼 삶의 의욕을 주는 것은 없을 것이다.

참으로 프랑클 정신의학이론의 저변에는 '실존심리학'과 '의미철학'이 깔려 있으며, 실천 면에서는 정신이 가지고 있는 '자유'와 '책임'이 강조되고 있다. 그것은 의미 있는 무언가를 위해 행동하고 창조함으로써 실현되는 '창조가치'나, 자연이나 예술의 아름다움의 가치를 체험하고 존경하며 사랑해야 할 사람과의 만남을 통해서 가치를 이해하고 실현하는 '체험가치'보다는 '태도가치', 즉 사람의 힘으로는 어떻게 할 수도 없는 상황이나 어떻게 바꿀 수도 없는 운명에 직면했을 때, 그 사람이 취하는 '태도attitude'[4]에 의해서 실현되는 가치를 더 중요시했다.

'바꿀 수 없는 운명'이란 죽음이나 불치병, 각종 장애와 같은 비극적 상황만은 아니다. 어떤 집에 태어났으며, 어떻게 성장했고, 어떤 학교를 다녔으며, 어떤 직장에서 일했고, 어떤 사람과 결혼을 했으며 등의 과거의 일체가 그 사람의 바꿀 수 없는 운명을 만들게 된다. 체질이나 기질 같은 것도 그러하다.

이렇듯 사람은 누구나 그 사람이 짊어지고 가지 않으면 안 될 과거와 바꿀 수 없는 운명을 가지고 있다. 사람은 이 운명에 대하여 어떤 태도를 취하며, 이 운명을 어떻게 받아들이며, 자기 인생을 어떻게 만들어 갈 것인가에 대해서 인생으로부터 물음을 받고 있는 것이다. 이 물음에 대해서 취하는 마음의 자세(태도)에 의해서 실현되는 가치가 '태도가치'이다.

프랑클은 "사람에게는 이 태도가치가 있다는 것이 인생에 의미가 있다는 사실을 결코 부정할 수 없는 가장 큰 이유라고 보았

---

4) 태도란 경험을 통해서 체제화된 정신적 · 신경적인 준비 상태mental and neural state of readiness로서, 개인의 관계 대상이나 상황에 대한 반응에 지시적이며 역동적인 영향을 준다. 즉, 행동 이전의 정신 · 신경적인 준비 상태, 마음의 자세mental set를 의미한다. 사회심리학에서는 사회적 행동을 예측 · 설명하기 위해 사용하는 중심 개념이다. 또한 동일한 범주에 속하는 영역별 하나하나의 태도가 모아진 태도군clusters of attitude은 그 사람의 가치관을 형성하는 기초가 되기도 한다.

다. 설혹 창조가치와 체험가치 실현의 자유를 다 빼앗긴 사람이라 할지라도 살아 있는 한 태도가치 실현의 가능성은 의연하게 남아 있을 수 있기 때문에 그 태도가치 실현을 위해 고뇌하고 불굴의 용기indomitable courage를 가질 수 있다."고 말했다.[5]

그렇다면 프랑클이 말하는 '올바르게 고뇌한다.'의 의미는 무엇인가? 프랑클은 다음 사례를 들어 설명하고 있다.[6]

매우 바쁘게 사는 광고 디자이너였던 한 젊은 남성은 악성 중증 척수종양 선고를 받은 사람이었다. 수술도 할 수 없는 상태였기 때문에 수족이 마비되어 지금까지의 활동적인 직업 생활도 단념해야만 했다. 그리하여 그는 '창조가치' 실현의 가능성조차도 잃어버리게 되었다.

그러나 그는 자기 인생을 어떻게 해서라도 의미 있는 것으로 만들기 위하여 환자들과 대화를 나누며 그들을 위로하고 용기를 주고, 라디오로 좋은 음악을 들으며, 정신적인 양식이 될 수 있는 독서에도 힘을 기울였다. 그렇지만 병이 더 진행되어 체력이 극도로 쇠진하여 독서도 할 수 없을 정도가 되어 버렸다. 여기에다 두개골의 신경통증 때문에 헤드폰 리시버도 귀에 꽂을 수 없게 되었을 뿐만 아니라 다른 환자와 대화도 할 수 없게 되었다. 요컨대, 그는 '창조가치'에 이어서 '체험가치'의 실현 가능성조차도 완전히 잃고 만 것이다.

5) V. Frankl, *The Will to Meaning: Foundations and Applications of Logotherapy*, New American Library, 1969, 1981, p. 74.

6) V. Frankl, ···*trotzdem Ja zum Leben sagen*, Franz Deuticke, 1946.

이와 같은 상황에서도 이 환자는 다음과 같은 '태도'를 취함으로써 인생의 마지막을 의미 있는 것으로 만들 수 있었다고 프랑클은 말하고 있다.

남은 생명이 얼마 남지 않았다는 것을 안 이 환자는 자기 병상 옆을 지나가고 있는 회진 의사를 불러서 다음과 같이 말했다고 한다.

"오전에 병원장이 회진을 할 때 알았습니다만 내게는 죽기 수 시간 전에 고통을 완화시켜 주기 위한 모르핀을 주사하도록 지시가 내려져 있는 것으로 알고 있습니다. 나는 오늘 저녁이 내 인생의 마지막이라고 생각합니다. 그래서 말입니다만 지금 주사를 주시기 부탁드립니다. 의사 선생님이 나 때문에 자다 일어나서 오게 되는 수고를 덜어주고 싶습니다.

프랑클은 이 점에 대하여 다시 다음과 같이 말하고 있다.

이 사람은 인생의 최후의 몇 시간조차도 주위 사람들을 위로하고 배려할 정도의 자비의 여유와 의연한 태도를 보였다. 어떤 고통이나 쓰라림도 견뎌 낸 용기와 전혀 그런 티가 없는 언행은 참으로 존경하고도 남음이 있다. 임종 수 시간 전의 이와 같은 태도는 참으로 훌륭한 가치를 실현한 것이다. 이 행동은 직업상의 행동이 아니라 인간으로서 넘어서기 어려운 것을 넘어선 것을 보여 준 지고지순한 행동이다.[7]

---

7) ibid.

앞 사례에서도 알 수 있는 바와 같이 인생은 바로 죽는 그 순간까지도 의미를 잃는 일은 없다. 숨을 거둘 그 순간까지 그 사람에 의해서 '실현시켜야 할 의미'가 있으며, 그 사람에게 발견되고 실현되기를 기다리고 있는 것이 있다.

어느 때, 어느 경우나 인생에 의미가 없으라는 법은 없다. 어떤 상황에서도 무슨 의미가 있으며 발견되고 실현되기를 기다리고 있는 것이 있다. 다만, 모르고 있을 뿐이다.

프랑클은 이와 같은 관점에서 모든 일을 긍정적인 의미와 자기 초월적인 의미(운명적인 의미)가 있다고 믿어야 한다고 강조하였다. 즉, 운명의 의미를 받아들이고 믿는 태도, 운명에 대한 사랑 '아모르 파티amor fati'를 강조하였다.[8] 이 점에 있어서 그는 실존철학의 한 선구자 니체Friedrich Wilhelm Nietsche(1844~1900)의 후기 사상의 영향을 받고 있다.

니체는 그의 『비극의 탄생Die Geburt der Tragödie』(1872)에서, 삶이 환희와 염세, 긍정과 부정을 예술적 형이상학으로 승화시켰으며, "생존에 있어서는 디오니소스적dionŷsisch(창작을 지향한 현실적·동적·정의적情意的·도취적)이어야 하며, 이 상태야말로 철학자가 도달할 수 있는 최고의 상태"라고 보아 이 상태를 '운명애'라고 하였다.

---

8) V. Frankl, *Was nicht in meinen Büchern stecht* (1995), München, Beltz Verlag, 2002, S. 37.

니체의 이와 같은 삶에 대한 책임윤리와 자신의 삶을 긍정함으로써 어두웠던 과거로부터 자신을 해방시키는 치료이론이 프랑클의 정신의학과 인간 회복의 치료이론에 영향을 준 것이다. 그러기에 프랑클은 자살 행위를 단호히 부정한다. 그에 의하면 자살을 하는 것은 장기를 둘 때 궁지에 몰리면 장기판을 뒤집어 버리는 것과 같은 것이라고 보았다. 장기판을 뒤집어 엎는 것이 장기의 룰을 위반하는 것처럼 자살은 "인생의 룰을 위반하는 행위와 같다."고 말하였다.

사람들 가운데는 참을성이 없어서 자기 인생에는 이미 실현할 수 있는 어떤 의미도 없는 것처럼 단정해 버리는 성급한 사람도 있다. 예컨대, 인생을 너무 단순하게 생각하여 "이런 인생은 이젠 지긋지긋하다. 더 살아 봤자 결과는 뻔하다. 기대할 것은 하나도 없다."라고 자포자기하는 경우이다. 그러나 다시 말하거니와 어떤 경우에도 의미 없는 인생은 결코 없다. 어떤 사람의 어떤 인생에도 몰라서 그렇지, 인생에 의미는 반드시 있는 법이다. 문제는 나태하고 안일한 생각과 자신에게 무책임한 것이다.

때문에 우리는 인생의 정당한 선의의 투쟁만은 결코 포기해서는 안 되며, 그럴 필요도 없다. 왜냐하면 인생에서 실현해야 할 의미는 반드시 어딘가에 있기 때문이다. 어떤 시련도 복이 없거나 사주팔자가 나빠서가 아니라 나로 인해 생긴 필연적인 운명으로 받아들인다면 자기가 해야 할 일, 인생의 의미는 보이게 될 것이다.

***

다음은 프랑클이 악명 높았던 '아우슈비츠 수용소'에서 체험한 사례이다.

수용소에 붙들려 온 사람들은 생존 확률이 30분의 1이며, 입소 단계에서 바로 95%의 사람이 가스실로 가고, 나머지 5%만이 노동자로 선발되어 소독실로 들어가게 된다는 소문 때문에 모두가 전율·절망·무감각·무감동의 표정이었다. 프랑클은 이 5% 속에 들어간 셈이다. 그가 이 5%에 들어간 것은 필연성에 의해서 그만큼 쓸모가 있는 사람이어서 그렇게 된 것이며, 운이 좋아서 그렇게 된 것은 아니었다.

사람이 넋을 잃고 무감동·무표정해지는 것은 공포 분위기에서 두들겨 맞는 사람으로부터 자신의 마음을 감싸 주는 때 가장 필요한 갑옷과 같은 것이었다.[9] 모든 행동과 감정생활은 오로지 생명 유지만을 위해 집중되며, 이 때문에 사람들 사이에는 주로 먹는 것에 관한 대화만이 강박적으로 되풀이될 뿐이었다.

이와 같은 역경 속에서는 생명 유지라는 목적에 도움이 되지 않는 것은 전혀 가치가 없다고 생각하는 '문화적 동면文化的 冬眠'이 지배하게 되어서 생을 포기한 사람도 속출하였다.

이러한 사례도 있었다. 프랑클은 수용소 생활에 절망한 나머

---

9) 넋이란 사람의 몸에 있어서 마음의 작용을 다스리기 때문에 그 넋을 잃게 되면 친구의 시체를 보아도 멍하니 무표정하게 우두커니 바라보게 된다.

지 모든 것을 포기하고 자살을 꾀했던 두 남성에 대해서 다음과
같이 말해 주었다.

"설령 당신이 인생에서 아무것도 기대할 것이 없다 할지라도 당신
의 인생은 당신에게 기대하고 있는 것이 있을 것이다. 또는 해야 할
일이 당신을 기다리는 것이 있을 것이다." 그러자 그들 입에서 다음
과 같은 말을 들을 수가 있었다.

한 사람에게서는 그가 유별나게 애정을 가지고 있는 자식이 외국
에서 그를 기다리고 있으며, 또 한 사람에게서는 그가 아니면 할 수
없는 일이 자기를 기다리고 있다는 것이었다. 알고 보니 그는 수용소
에 붙들려 오기 전에는 과학자로서 중요 문제에 대한 논문을 쓰다가
잡혀 왔기 때문에 아직 완성되지 못한 연구가 나를 통해서 완성될 것
을 기다리고 있었던 것이다.

이렇듯 이들 두 사람은 자기를 기다리고 있는 사람이 있고, 일
이 있다는 것을 자각함으로써 자살에서 벗어날 수 있는 길을 찾
게 되었다. 그것은 자기를 기다리고 있는 '일'과 자기를 기다리고
있는 '사람'에 대한 '책임'과 존재의 '이유'를 깨달았기 때문이다.

수용소 생활에서 비교적 무탈하게 살아남은 사람이란 신체적
으로 건강하게 보이는 사람보다는 미래에 대한 정신적인 '꿈'을
가지고 있는 강한 마음의 지주를 가진 사람이었다. 이 점은 프랑
클 자신에게도 적용되었다. 진실로 프랑클은 수용소 생활이란

역경의 환경 속에서(1942. 9. 27.~1945. 4. 27.)는 박애의 정신을 실천하였으며, 해방 후에는 정신과 의사이기 전에 훌륭한 학자이자 교육자였다.

그는 또한 부모에 대한 효심도 지극한 사람이었다. 그는 마음만 먹으면 수용소에 연행될 위기를 벗어날 기회도 있었다. 그것은 미국이 제2차 세계대전에 참전하기 직전에 운 좋게 미국에 망명할 수 있는 비자를 얻었기 때문이다.

그렇지만 프랑클은 고민하고 고민한 끝에 부모와 같이 빈에 머물 것을 결심하였다. 그래서 일부러 비자 신청기한을 넘기고 말았다고 한다. 이때의 심정을 프랑클은 한 인터뷰에서 다음과 같이 술회하였다. 우리는 다음 글을 통해서 프랑클의 인간적인 품격을 이해할 수가 있다.

나는 3년간이나 기다린 끝에 미국에 갈 수 있는 비자를 받았습니다. 이것을 안 아버지, 어머니는 '드디어 빅토르가 자유인이 되는구나.' 하면서 매우 좋아하셨습니다. 그러나 나는 한편으로는 주저했습니다. 부모님을 두고 떠나는 것이 잘하는 일인지 고민하였습니다. 부모님과 운명을 같이 하는 것이 자식으로서의 의무가 아니겠는가라고 생각하였습니다. 내가 지켜 드리지 않으면 나치는 즉시 부모님을 생활 무능력자로서 수용소로 데려가고 말 것이기 때문입니다.

나는 자문하였습니다. "나의 책임은 어디에 있는가? 온갖 심리치료법이 유행하고 있는 미국으로 갈 것인가, 아니면 부모에 대한 윤리적 책임을 선택할 것인가?" 어떻게 해야 할 것인가? 정말로 어떻게 해야 할지 답을 찾지 못했습니다. 그래서 나는 스테판Stephan 대성당으로 가서 풍금 소리와 내 양심의 소리에 귀를 기울였습니다. 몇 번이고 몇 번이고 생각했으나 답은 나오지 않았습니다.

나는 집으로 돌아가면서 "빅토르, 너는 하느님의 계시를 필요로 하고 있다."라고 속으로 말하였습니다. 나는 집으로 돌아가서 뜻밖에도 한 조각의 대리석이 책상 위에 있는 것을 발견하였습니다. 나는 아버지께 "이 대리석은 무엇입니까?"라고 물었더니, 아버지는 "빅토르, 내가 오늘 아침에 산책 갔을 때 나치스에 의해 불타 버린 '시나고그Synagoge'(유대교의 집회 및 예배 장소로서의 회당)의 폐허 더미에서 발견했단다. 신성한 것이기 때문에 가지고 왔단다."라고 말하였습니다.

왜 신성하냐고 아버지께 물었더니, 아버지는 이 조각은 본래 대리석에 히브리어로 새겨져 있던 '십계명' 가운데서 두 글자가 새겨진 조각이기 때문이라고 말하였습니다. 아버지는 "빅토르, 나는 이 두 글자가 어느 계명의 계시인지도 알고 있다. 이 글자는 십계의 기호 중 하나이기 때문이다."라고 했습니다. 나는 어떤 계율인가 궁금해서 다시 물었습니다. 그랬더니 그 계율은 "네 부모를 공경하라. 그러면 네 하느님 여호와가 네게 준 땅에서 생명이 길리라."의 계율인 것을 알았습니다. 이 순간 나는 부모님과 오스트리아에 남을 것을 결단하였습니다. [10]

---

10) Frankl interview with Robert Schuler, How to Find Meaning in Life, In *Possibilities*, March/April, 1991, pp. 8–12.

어느 날 프랑클은 세계적으로 유명한 영어 간행도서인『저자목록Who's Who』의 편집자 로버트 슐러Robert Schuler로부터 "당신의 인생과 업적을 한마디로 요약한다면 무엇이라고 생각합니까?"라는 질문을 받았을 때도 역시 다음과 같이 말했다.

나는 다른 사람들이 인생의 의미를 찾도록 돕는 데서 나의 인생의 의미를 발견했습니다.[11]

그는 또 86세 생일(1991. 3. 26.)을 며칠을 앞둔 어느 인터뷰에서도 다음과 같은 심금을 울리는 말을 남기기도 하였다.

인생에서 중요한 것은 이것이 자기 인생의 의미라고 생각한 바를 끝까지 추구하는 데 있으며, 어떤 명성을 얻는 데 있지 않습니다. 그렇기 때문에 내가 쓴 책이 다른 사람의 이름으로 출판되어 그 책이 독자들의 의미 추구에 도움을 주게 된다면 나는 이것으로 만족합니다.

참으로 그는 '자기초월적'인 숭고한 의미의 가치를 실천하다 생을 마친 사람이었다. 그리고 철저한 인간 회복을 위한 정신의학자인 동시에 상담심리학자와 의미철학자로서 정신의 자유성과 책임성을 이론과 실천으로 살다 간 사람이었다. 프랑클이야

---

11) Robert Schuler, How to find Meaning in Life, *In Possibilities*, March/April, 1991, pp. 8-12.

말로 능력에 있어서 뛰어난 사람이기보다는 인류의 의식과 사회적 헌신을 위해 인생을 진실되고 진정한 나로서 살다 간 사람이었다.

▌ 논어에서 배우다

우리에게는 예로부터 편안한 마음으로 자기분수를 지키며 만족함을 안다. 안분자족安分自足이라는 말이 전해 오고 있다. 자기분수를 알고 처신한다면 욕되지 않을 것이며, 자기 그릇의 크기를 알고 살게 되면 고생을 덜 한다는 말이다. 요컨대, 거짓의 '위장된 나'가 아니라 '진정한 나다운 나' 자기정체성을 알고 살게 되면 우환도 덜 겪게 될 것이다.

진정 사람이 자기 그릇을 알고 사무사思無邪로 살아가게 되면 무리를 하지 않고 사악한 생각을 하지 않기 때문에 사람들과 싸울 일도 많지 않을 것이며 비난도 받지 않을 것이다. 여기저기에서 벌어지는 분쟁도 알고 보면 자기 그릇의 크기도, 마음의 자리도 모르며 살고 있기 때문이다. 누구나 자기가 있어야 할 자리와 그릇을 모르게 되면 무리를 하게 되고 여기서 오해와 불만이 싹트게 된다.

더욱이 자기가 자신의 그릇의 용량을 모를 때는 사람들과의 관계에서 무리를 하게 되고 위기에 몰리거나 함정에 빠지기도 하고 비참한 인생을 체험하게도 된다. 이 경우에 제일 문제가 되는 것은 자기도 자신의 그릇에 대해서 잘 모르고 있는데 상대가 자신을 모른다는 것은 당연하다는 데 있다. 역시 처세에서 기본은 나를 알고 상대를 아는 일이다.

사람들 가운데에는 자신도 자기를 모르면서 상대가 자기를 알아 주지 않는다고 하여 화를 내거나 등을 돌리는 사람도 있다. 이런 사람일수록 정신·생각 따위를 바르게 가다듬는 나가 필요하다.

『논어論語』에서 '남이 나를 알아주지 않음을 근심하지 말고 내가 남을 알아줄 만한 슬기가 없음을 근심하라不患人之不患인지 不己知患不知人也불기지 환불지인야.'라는 말도 있다.

다행히도 사람에게는 '자연필연성'에 얽매이지 않는 '자유로운 정신적 의지'라는 것이 있다.

이 '의지意志'란 단순한 충동이나 본능, 욕망과는 달라서 어떤 동기에 의거하면서 동기에 대해서 자각적인 태도로 행위 여부를 결단하는 인간의 정신적인 능력이다. 이런 의미에서 의지는 인간의 소중한 선택의지이며 결의성決意性이다. 요컨대, 행위 이전의 목적, 목표를 실현하려는 정신적인 결의이다.

인간은 자유로운 선택의지에 의해서 자신의 이익에 반해서 행위하며 자기 자신까지도 희생시킬 수도 있는 그런 존재이다. 사람은 인과적, 기계적 존재가 아니라 자기 자신을 내면적으로 자유롭게 한정할 수 있기 때문에 도덕적 행위도 가능하다. 그러기에 누구나 분수를 지켜 만족할 줄 아는 사람은 도度를 넘지 않기 때문에 무리하지 않으며 무리하지 않기 때문에 과욕을 부리지 않으며 모름지기 주어진 여건 속에서 최선을 다하는 데서 만족을 얻는다.

이런 사람은 자신을 과시하기 위해 꾸밀 필요도 없고 이익을 얻기 위해서 거짓을 말하고 가장할 필요도 없다. 허식이 없는 자기 모습 그대로 성실하게 살아갈 때 그 결과로서 행복도 찾아오게 된다. 행복이란 직접 목표가 될 수 없으며, 행동 결과의 산물이다. 행복할 수 있는 생활을 했다면 행복은 자연스럽게 찾아오게 된다.

그동안 인간의 지혜는 '자유와 부'만을 위한 최선의 안내자처럼 군림해 왔다. 그 결과 산업사회의 놀라운 발전의 열매를 가져다 주었다. 이로 인하여 경제적 가치를 유일한 가치로 삼는 안이하고 편리하게 살아가는 사상만이 만연되었으며 본질보다는 경제적 가치에서 행복을 찾고자 하였다. 그 결과 사람들은 교만과 위선으로 전락되어 인간의 소중한 덕목인 '진실성'을 외면하고 말았다.

이런 사람은 참된 자신의 인생의 의미와 가치를 느낄 수가 없다. 그래서 사는 데서 자신自信을 가질 수가 없다. 그러나 사람은 자기 인생의 진정한 의미를 잃었다는 것을 각성할 때 비로소 자기충족이 '결과'로서가 아니라 '목적'으로서 머리에 떠오르게 되며 자신의 삶에 대한 깊은 철학과 통찰을 하게 된다.

이 책의 목적은 진정한 나로부터 떠나 있는 사람, 사는 데 자신이 없는 사람, 자기가 자신에 실망하는 사람, 진정한 참 나를 밖에서 찾고 있는 사람들을 위해서, '진정한 의미의 나' 찾기를 게을리 한다면 인생의 종말에는 허무와 고독이라는 비극이 기다리고 있기 때문에 그렇게 되지 않도록 하기 위한 책이다.

2018년 11월
구순에서 '나'를 돌아보며
자이열제自怡悅齊에서 정인석鄭寅錫 적음

진정한 나는 어디에 있는가 | **제1장**

진실에서 배우며 산다

1. 정직하게 산다는 것

인생길에는 어렵고 힘든 것이 많이 있으나 삶의 기본은 '진실'되게 사는 데 있다. 그것은 내가 무엇(가치의식)을 위해 어떻게 사느냐의 방법에 귀착된다.

위선의 가면을 쓰고 남을 속여 처세에 성공했다면 이런 사람은 자신의 양심을 기만한 사람이기에 인생을 진실되게 살았다고 말할 수가 없다. '기만'이란 마음이 바르지 못해서 거짓이나 허식과 가면을 좋아하는 사람들이 목적 달성을 위해 쓰는 생활의 수단이다. 또한 자신에게는 후하게 대하면서 남에게는 인색한 사람이다.

이런 사람은 자기 이익을 위해 따라 쉽게 변절할 수 있는 사람이다. 그러나 진실되게 사는 사람은 타인과 자기는 다르다는 차이를 인정하며, 수단(이용) 가치보다는 인격의 목적 가치로서 사람을 대하기 때문에 자신에 대해 엄격하고 책임의식이 강하다. 그래서 나는 나로서 나답게 사는 데서 삶의 의미를 찾는다. 이런 점에서 진실되게 살기 위해서 열심히 살고 있는 사람의 경우는 '그렇게 살고 있는 사실 그대로의 나'는 의미가 있지만 그렇게 살고 있지 않은 사람의 경우는 같은 '있는 사실 그대로의 나'라 할지라도 그 의미는 전혀 다르다.

우리에게는 참 좋은 정신문화의 뿌리가 있다. 『채근담』에는 '대인춘풍待人春風 지기추상持己秋霜'(남에게는 따뜻하게 대하고 자신에게는 엄격하게 대하라)이라는 말이 있다. 이는 자기수양과 명덕明德의 백미 같은 교훈이다. 또한 '사서四書'의 하나인 『대학大學』에는 '군자는 홀로 있을 때도 도리에 어긋남이 없도록 언행을 삼가지 않으면 안 된다(군자필신기독야君子必慎基独也)'라는 말도 있다. 참으로 간절하고 절실한 교훈이다.

정직한 마음, 언행을 삼가는 '마음'은 자기 몸(행동)을 책임지고 있는 주재主宰이며, '몸'은 마음을 실현하는 운용運用인 것이다. 우리가 쓰고 있는 정심수신正心修身이라는 말도 이에서 연유한다. 그것은 몸을 닦음이란 곧 마음을 바르게 함에 있기 때문이다.

때문에 몸의 주재인 마음이 부재일 때는 눈앞에 두고도 보지 못하는 '정신맹精神盲'이 될 것이며, 귀 기울여도 듣지 못하며, 먹어도 그 맛을 알지 못하게 될 것이다.

참으로 진실되게 살고자 하는 마음, 올바르게 살고자 하는 마음(정심正心)이란 진정한 나로서의 인생을 살아가는 사람의 본연의 자세이다.

사람의 본성本性 가운데는 환경에 적응하기가 어렵고, 안전이나 욕구좌절의 위협을 느낄 때는 이를 단념하고, 이에 수반했던 기억이나 이미지를 의식에서 지우고 마음의 안정이나 자신의 만족을 얻기 위한 사고와 행동 등을 결정하는 심리과정(기제mechanism)이 발동한다. 이른바 '방어기제'라는 수단을 사용하게 된다. 그중에서도 가장 대표적인 수단이 '억압repression'이라는 방어기제이다.

억압이란, 자아의 입장에서 참기 힘들 정도의 충동이나 여기에 연결된 이미지를 의식으로부터 추방하거나 무의식에 가두어 두는 심적 기제이다. 이렇듯 억압은 방어의 뜻을 가지고 있기에 프로이트S. Freud도 초기에는 '방어'와 '억압'을 같은 의미로 사용하였다.

발달과정에서 볼 때 유아기에서 의식에 다가오는 불쾌감을 배제하는 것을 '1차적 억압'이라고 하며, 억압된 무의식 내용이 의식으로 부상하려고 하는 것을 방어하는 것을 '후 억압'이라고 한다.

이렇듯 억압은 방어의 원점이며 모든 방어기제 가운데서 특수한 자리를 차지하고 있다. 프로이트의 정신분석도 억압의 발견과 더불어 시작되었다고 하지만, 그러나 한 대상에 대한 의식을 의식적으로 누르는 '억제suppression'와 혼동해서는 안 된다.

억제란 심적인 구조를 '이드id(무의식적인 심적 에너지의 원천)' '자아' '초자아'로 보았을 때, 자아는 이드(욕망)의 '쾌락의 원칙'

에 따라서 만족을 얻고자 하는 압력과 건전한 검열과 심적인 브레이크의 역할을 하는 초자아의 압력, 외적인 현실의 요청이라는 압력 사이에서 조정자 역할을 하지 않으면 안 된다. 이 경우에 억제란 자아가 상황을 판단하여 현실 원칙에 따라서 자제하고 용서하는 심적 상태인 것이다.

요컨대, '억압'은 마음에 들지 않고 좋지 않은 일들을 무의식 세계로 밀어 넣어서 의식 세계로부터 잊게 하는 방어심리적인 기제이기도 하다. 때문에 억압은 자신에게 도움이 되지 않거나 불미스러웠던 일에 대해서는 의식에서 지워지기를 바라는 심리 때문에 망각과 기억 착오나 신경증의 원인이 되기도 한다.

그러나 '억제'는 어떤 대상에 대한 의식을 의식적으로 억누르는 기제이기 때문에 억압에 비해서 보다 의도적이다. 전자는 정말로 기억이 나지 않는 경우이고, 후자는 모르는 척하는 경우이다. 하지만 자신을 속인 것은 양자가 똑같다.

그러나 억제가 갖는 의미는 굳이 복잡한 정신구조론의 관점에서 생각하지 않고 윤리학적이며 사회학적인 관점에서도 그 의의가 크다는 것을 알 수가 있을 것이다. 사람이 살아가면서 때와 상황에 따라 부당하거나 지나친 감정·욕망·충동적 행동을 억눌러 주는 심적 장치가 없다면 어떻게 되겠는가. 또한 귀에 거슬리는 말이나 충고가 마음을 상하게 한다 해서 화를 낸다면 어떻게 되겠는가.

옛말에 '충언忠言은 역이逆耳나 이어행利於行'이란 말이 있다. 잘못을 간諫하고 충고하는 말은 귀에 거슬리기는 하지만 자신의 행위에는 이롭다는 뜻이다. 이때 필요한 것은 귀에 거슬리는 말, 잘못을 간하는 말을 받아들이기 위하여 자신의 잘못된 생각을 억제하는 일이다. 이런 사람의 경우에 충고는 그 사람의 인격을 닦는 거울이 되어 줄 것이다.

만약 말마다 귀를 기쁘게 하고 일마다 마음을 즐겁게만 한다면 잘못을 깨닫지 못하게 될 것이다. 사람은 뜻대로 되지 않는 일도 있어야 자신의 잘못을 반성하고 정도正道로 돌아올 수 있다. 이런 점에서 귀에는 거슬려도 정도의 충언을 해 줄 수 있는 사람이 자기 주위에 있어야 한다.

그러나 자기 억제를 할 줄 모르는 사람은 아첨하고 비위를 맞추는 말만을 좋아한다. 그 결과 양심도 병들고 덕성도 시들며 인격도 무너져 마침내 몸과 심·혼을 시궁창 속에 파묻어 버리는 자기 파멸의 결과를 보여 주게 된다. 이렇듯 '억제'란 긍정적인 의미에서는 극기克己의 의미와 맥을 같이 하며, 자신의 '품위'를 지키는 자존감의 표현이다.

2. 지인至人(덕이 극치에 이른 사람)은 평범한 생활 속에 있다

진실되게 인생을 산 사람이란 결코 높은 지위나 명성, 또는 초인적인 권력이나 희대의 재력을 가진 사람은 아니다.

다음은 예로부터 인생의 '좌우명'으로서 널리 알려져 있는 『채근담菜根譚』에 전해지고 있는 말이다.

濃肥辛甘이 非眞味라 眞味는 只是淡이며 神奇卓異는 非至人이라 至人은 只是常이니라.

무르익은 술과 기름진 고기와 맵고 단 것은 참맛이 아니며 참맛은 다만 담백할 뿐이다. 신비하고 기이하며 우뚝하고 이상한 것이 '지인'이 아니라 '지인'은 다만 평범할 뿐이다.

이와 마찬가지로 '지인'이란 남달리 특출한 재주와 능력과 특권을 가졌으며 천하를 호령할 수 있는 지배력을 가진 사람도 아니다. 이런 사람들 가운데는 오히려 혹세무민惑世誣民하고 사리사욕에 눈이 어두운 사람이 많다. 그러나 참다운 인격자는 유별나고 군림하는 행동을 하려고 하지 않는다. 그저 보통 사람들과 마찬가지의 평범한 일상을 살아가면서 깨끗하고 순수한 본연의 소심素心(깨끗하고 순수한 본연의 마음)과 인류의 도덕의식에서 우러나오는 자신의 '도심道心'(도덕의식에서 우러나오는 마음)을 잃지 않고 살아가는 사람이다.

우리는 이런 사람을 '위대한 사람'이라 보기도 한다. 그러나 여기서 말하는 '위인'이란 인간성의 차원을 초탈한 사람도 아니며, 출생부터 특별한 사람으로서의 인격을 가지고 태어난 사람을 말하지는 않는다.

'인간 그 자체'에는 위대하다든가 비천하다든가 하는 일은 있을 수는 없다. 걸인이나 왕, 대통령도 동일하며, 학자나 무학자도 인간이란 점에서는 구별할 수가 없고 평등하다. 여기서 말하고자 하는 것은 '인간' 그 자체가 위대하다는 것이 아니라 그 사람의 삶의 깊이와 스케일을 말한다. 때문에 우리는 그 사람의 삶의 깊이와 규모를 보게 되면 그 사람이 얼마나 삶을 진실하게 살고 있는지를 알 수가 있다.

이 점이야말로 범인凡人과 비범인非凡人의 차이점이다. 누구나 사람은 이 지구상에서 서로가 영향을 주고받으면서 더불어 살고 있다는 것을 잊어서는 안 된다. 그리고 누구나 선善의 실천과 자신의 의무 실현을 위해 사명의식을 가지고 일관되게 살고 있다고 한다면 이런 사람이야말로 비범한 사람이다.

그렇지만 이런 삶을 생애에 걸쳐서 일관되게 살아간다는 것은 그렇게 쉬운 일은 아니다. 자기와의 싸움도 있고, 사람으로서 지켜야 할 도리 등 매우 힘이 드는 일이 많다. 때문에 쉽지 않은 만큼 꿋꿋이 살아가는 노력이 큰 결실을 맺어서 어떤 위대한 성과를 거두게 된다면 이런 사람이야말로 비범한 사람의 모습이다.

칸트Immanuel Kant의 '최고선(덕과 행복의 필연적 결합)'의 관점에서 말한다면, 지인至人이란 덕의 실천을 자기 자신에 대한 의무인 동시에 목적으로서의 '자신의 완전성'과 '타인의 행복'을 위해 '선'을 실천하는 사람으로, 즉 덕德이 극치에 이른 사람이라고 말할 수 있다.

그러나 사업을 해서 성공했다든가 당대에 큰 재산을 이루었다 할지라도, 이 역시 일관된 집념을 가지고 노력한 사람임에는 틀림없기는 하지만, 이런 사람은 위인이라고는 볼 수 없다. 지나간 한때는 입신출세주의의 관점에서 고생 끝에 재벌이 되었다거나 역경 속에서 높은 벼슬자리에 올랐을 때 이런 사람도 위인처럼 찬양하기도 했다.

그러나 이런 사람은 진실되고 '진정한 나'라는 문맥에서 볼 때 위인이라고 볼 수는 없다. 그것은 인생의 목표를 개인의 출세라든가 성공에다 두고 있기 때문이다. 요컨대, 이런 사람에게는 '타인의 완전성'이 아니라 '자기의 완전성'이, '타인의 행복'이 아니라 '자기의 행복'이 위주가 되고 있다.

옛날에는 위인이란 우리와 동떨어진 귀한 존재로서 범접하기 어렵다고 생각하여 멀리서 우러러 보았지만, 이제 우리가 위인의 인생에서 배워야 할 위인이란 우리 가까이에서 인생의

'최고선'을 실천하기 위해 진실되게 살아온 사람이다.

3. 누구라도 위대한 사람이 될 수 있다

사람의 위대함이란 그 사람이 위대하게 태어났다고 하는 사실이 아니라 자신이 위대하게 살아왔다는 데 있다. 거지나 대통령이나 인간이라는 점에서는 동일하다. 요컨대, 위대함이란 생득적인 것이 아니라 최고선의 실현을 위해 일관되게 살아온 사람의 인격에 대한 존경의 척도인 것이다. 유명한 석학이 된다든가 대통령이 된다든가 하는 것을 위대하다고 보는 것은, 지위나 업적에다 '큰 가치'를 두고 본 것이기 때문에 내가 생각하고 있는 '위인'에 대한 가치관과는 다르다. 이는 인간 그 자체를 지배자―피지배자로 신분을 구분해 생각했던 봉건사회에서나 있었던 사고방식이다.

지위 같은 것은 조건만 주어지거나 맞게 되면 시정잡배 건달도 얻을 수가 있다. 내가 가치를 두고 생각하는 점은 한 사람의 인간으로서 어떻게 살았느냐에 있다. 요컨대, 누구의 자식으로서 태어났느냐가 아니라 태어난 연후에 어디에다 가치를 두고 살았느냐에 따라서 위대하게도 되고 비소卑小하게도 된다는 것이다.

이렇게 말하면 독자들도 위인이란 어느 특정인만이 독점하는 그런 것이 아니라 매우 비소한 사람도 위대하게 될 수 있다는 것을 깨닫게 되리라 믿는다. 요체는 위대하게, 진실되게 '산다'는 일이다. 우리가 위대하게 사는 것을 누구도 방해하는 사람은 없다. 다만, 방해하는 것이 있다면 그것은 '자기 자신'이라고 본다.

이 말은 칸트가 인간의 본성에 관해 논한 『인륜의 형이상학 *Metaphysik der Sitten*』(1797)의 제2부 「덕론의 형이상학적 기초」에서 사용하였으며, 인간의 내면에는 도덕의 적이 되는 '악'이 깃들어 있기 때문에 이에 대항할 수 있는 '용기'(덕)가 행위의 동기가 된다고 보아 덕의 강도는 행위의 동기에 의해서 달라진다고 보았다.

때문에 도덕의 적에 대항할 수 있는 '용기'를 가진 사람은 현재의 자기 내면의 상태를 자각함으로써 만족할 수 없게 된다는 것이다. 오히려 만족이 아니라 부족하여 이를 채우고자 하는 마음을 갖게 되는 것이 정상이라고 보았다. 자신을 좀 더 선을 실천할 수 있도록 변화시키지 않으면 안 되겠다는 생각을 하게 된다는 것이다.

그 결과 도덕의 적(악)과 싸워서 도덕적인 '선'을 실현하는 방법을 생각하게 될 것이라고 본 것이다. 즉, 선을 실천하는 사람으로서 살고 싶다는 생각을 하는 것이 '자기 자신에 대한 의무'임을 깨닫게 될 것이라고 보았다. 참으로 훌륭한 마음의 자세이다.

이런 사람이 칸트가 말하는 '보다 큰 나'를 자각할 수 있다. 요컨대, '보다 큰 나'라고 하는 이상적인 자기에 도달하기 위해 살아감으로써 우리는 얼마든지 '위대한 사람'이 될 수 있다. 어의상으로 보아도, 위인의 '위(偉)'에 담긴 뜻도 물량의 부피나 길이·넓이·높이 따위가 보통 정도를 넘는다는 뜻의 '클 위'를 가진 사람이 아니라 지덕이 뛰어나 천하가 우러러 사표로 삼을 만한 그런 '거룩할 위' '클 위' '잘난이 위'의 위인 것이다.

사람이 자기 내면에 '보다 큰 나'를 품고 살아갈 수 없는 것은 부정적인 자기의식이나 무기력함이라든가, 비굴함이나 물욕·권력욕, 교활함 때문이다. '보다 큰 나'로서 살아가기 위해서는 이와 같은 것들을 각성할 수 있는 '용기(의지)'가 필요하다. 그것은 우매하고 타산적인 자기에 각성하고 잘못 살고 있는 자신을 현명한 길로 나아갈 수 있도록 용기(의지)를 갖는 것도 위인이 될 수 있는 그 '길'이기 때문이다.

산다는 것이란, 자신의 마음에 물어서 이렇게 되고 싶다고 하는 자기를 표현하는 일이기도 하거니와 사람이 너무도 자신의 근시안적이며 신변적인 이해득실에만 매이게 되면 아무리 자기가 훌륭하게 살아갈 수 있는 방향에 들어섰다 해도 대범하지를 못하고 곰상스러운 생활밖에 하지 못하게 된다. 결국 '보다 큰 나'는 덧없는 물거품이 되고 말 것이다. '보다 큰 나'로서 살아가려면 원대하며 고매한 이상을 향해서 사회와 자기 자신에 대한 '의무'를 실천하는 삶의 자세가 필요하다. 그리고 항상 이를 성찰할 필요가 있다.

이러한 삶의 모습이야말로 '작은 나'를 사회적으로 확대시키는 길이기도 하다. 이 길이야말로 자기를 크게 살아가는 지름길이다. 이른바 '위인'으로 불리는 사람들이란 사회적으로 '선善'을 실천하며 헌신적으로 살아가는 사람이라고 본다. 이런 사람들이야말로 인생을 진실되고, 참다운 나로서, 선을 실천하는 것을 자기 자신에 대한 '의무'로 생각하고 살아가는 사람들이다.

4. 대립의 양극을 극복하는 '중용'의 지혜

사람에게는 '욕망'이라는 것이 있어서 그 원천·대상·목표에 따라서 이를 추구하는 심리적인 역동 현상도 '지악至惡'에서부터 '지선至善'에 이르기까지 매우 복잡다양하다.

그러나 선의의 욕망이라 하여도 자신의 신분·역할이나 본성·능력에도 맞지 않고, 때와 자리에도 부합되지 않을 경우에는 볼 것을 제대로 못 보며, 들을 것을 제대로 듣지 못하고, 생각해야 할 것을 생각하지 못한 결과, 그릇된 판단과 행동을 하게 된다. 이로 인하여 인간관계의 갈등과 대립을 겪게 되며 일을 망치게 되고 서로가 파탄에 이르고 만다.

요즘 우리 사회의 각종 분쟁과 양극 현상의 현실은 살아 있는 교과서와도 같아서 우리에게 여러 가지 의미를 배우게 한다. 필자는 이 난세에서 지선至善으로 이를 극복할 수 있는 길을 유학의 근본정신이 함축성 있게 표현되고 있는 『중용中庸 Mean/Mitten』에서 그 교훈을 얻고자 한다.

중용의 '천인론天人論'의 대본大本(중中)과 달도達道(화和)에서, 희·노·애·락이 발현하지 않는 상태를 '중中'[1]이라 했고, 발해서 다 절도에 맞는 것을 '화和'라 하였으며, 이 '중中'은 천하의 대본大本이요, '화和'는 천하의 달도達道[2]라고 했다.

이 중中, 화和의 덕을 극진하게 하면 천지가 제자리하며, 만물이 생성·장양長養(발전)하게 된다고 보았다. 이 중화中和의 덕은 곧 천지만물의 '조화'를 이루는 기틀이라고 본 것이다.

앞에서 설명한 중中과 화和에 대한 설명이 중용을 풀이해 주고도 있지만, 그래서 「중용론」에서는 '수시처중隨時處中', 즉 '시중時中'이라는 말이 나온다.

여기서 '수시처중'의 중中이란, 질적·가치적인 면에서 '중中'과 '지선至善'을 이명동질적인 표현으로서 그 타당의 극치, 지선의 경지를 가리키고 있다. '중中'은 원래 비극단적이란 뜻이지만 그 자체의 질적·가치적인 면에서는 극치인의 의미를 갖는다. 이 지선至善의 경지, 중中에 합하는 것이 곧 '처중處中'이다.

그런데 중中은 정체定体가 없다. 시간에 따라 중中은 다르고 시공에 따라 다르며 만나는 사물에 따라 다르다. 요컨대, 그'때', 그'곳', 그'일'에서의 중中—즉, 지선경지至善境地—이 반드시 이곳, 이때, 이 일에서도 중中이 되는 것은 아니라는 것이다.

---

1) 중中이란 치우쳐 있거나 기대어 있지 않은 불편불기不偏不倚의 상태, 무애無碍·무착無着·안정安定의 상태이다.
2) 달도達道는 생득적인 인간 본연의 바탕인 성性에 따른 도에 통달한 것을 의미한다.

시간은 바뀌어 가고 모든 사물은 서로 차별지어지고 상대적으로 변동해 간다. 이렇듯 바뀌어 가는 시간에서 서로 차별적이며 상대적으로 변동해 가는 사물에 대한 접응接應에는 고정적인 일정한 '중中'이 있을 수 없다는 것이다. 이와 같은 중中이 어느 시공상 어느 사물에 있어서나 중中으로써 보편적이며 바뀌지 않고 중中으로써 상도常道로 삼을 경우, 용庸(화和할 용)은 상常(불역不易, 보편적)이 되고 말 것이다.

또한 이런 의미의 중中에 처해 가는 것(지어지선止於至善 지극히 착한 경지에 이름)이 바로 수시처중隨時處中(시중時中)이다. 요컨대, '수시처중, 즉 중용'인 것이다.

성리학性理學을 대성한 남송의 대유학자 주희朱熹(1130~1200, 주자朱子)도 '수시처중'에 이를 수 있는 본원적인 바탕에 대해 설명하기 위해 '중용'을 양量보다는 질적이고 가치적인 면의 최고선最高善·지선至善을 발견하고 '불편불기不偏不倚, 무과불급無過不及, 이평상지리而平常之理'라고 하였다. 이 정의에서 '불편불기'는 중용의 근본을, '무과불급'은 중용의 통용을 나타낸 것이다. 즉, 치우치지 않고 기대지 않아 지나침도 미치지 못함도 없어 이를 평상의 도리로 보았다. 주희는 이에 설명을 더하여, 이는 '천명의 당연한 바 정미精微함의 극치(天命所當然精微之極致)'라고 보았다.

우리가 일상생활에서 일을 처리할 경우에도 어제 처리할 때의 중中과 오늘 처리할 때의 중中이 있기 때문에 오늘의 시공상에 걸림이 없는 그 중中에 응해 가는 것(지어지선止於至善)이 '수시처중'

이며 '시중'이다.

중용의 반대말은 '극단'이다. 시국이 이해득실에 얽매여 혼란스럽고 사회가 무질서할수록 '수시처중'의 묘가 절실하다.

중국 춘추전국시대의 양주楊朱라는 사상가는 '세상이 이롭게 된다 할지라도 내 털 하나 뽑아 주지 않겠다.'는 극단적인 위아爲我주의자였으며, 철학자인 묵자墨子는 '세상에 이롭다면 내 몸을 바쳐서라도 돕겠다.'는 극단적인 겸애兼愛주의자였다. 그러나 자막子莫이라는 사람은 이들 두 사상이 매우 극단적이라고 생각해서 그 중도를 취했다. 반쯤은 나를 위하고 반쯤은 세상을 위해서 마음을 쓰겠다는 것이었다.

맹자孟子는 자막의 태도는 극단적인 위아주의나 겸애주의보다 낫지만 중용은 아니라고 하였다. 이렇듯 사안의 경중을 고려하지 않고 항상 고정된 중도를 취하는 것은 중용이 아니라는 것이었다. 그것은 중中에 처處에 가는 지어지선止於至善(지극히 착한 경지에 이름)이 아니기 때문이었다.

앞에서도 말했지만 중용은 단순히 2분의 1의 중간점과 같이 기계적이며 '양적'인 중간을 의미하지는 않는다. 예컨대, 진보와 보수의 중간인 '중도', 부자와 빈자의 중간인 중산층, 우등생과 열등생의 중간 학생, A와 B 두 지점 사이의 거리에 있어서 중간이 되는 C점 등은 중용의 중은 아닌 것이다.

중용의 '중'은 물리적 · 기계적인 중中을 말하는 것이 아니라 사람과 사람 사이에 발생하는 혹은 자기 마음속에서 일어나는 문제(사물)의 처리에 있어서 지나침이나 미흡함이 없는 지선至善의 경지와 타당성妥當性의 극치와 같은 것이다.

그러기에 중용을 실천하기란 참으로 힘들고 어렵다. 그것은 무엇보다도 마음을 비우고 사리사욕을 버리고 나 아닌 것을 '나'처럼 아끼고 사랑하는 인仁의 심성과 사태를 정확히 직시하고 지선至善의 해결방안을 찾아낼 수 있는 냉철한 지략과 용기를 겸비해야 하기 때문이다.

'인仁은 인人이다.'는 말도 있다. 제가齊家·치국治國·평천하平天下의 바탕도 인격적인 바탕을 닦는 수신에 있고, 그 수신의 도를 닦음에도 인仁으로써 해야 할 것이다.

인仁은 의義·예禮·지智와 함께 있는 덕목이기에 앞서 이들 덕목을 포섭하는 성性(나면서부터 가지고 있는 본바탕)의 본질로서 하나의 실체인 것이다.

때문에 삶의 본질이자 실체인 인仁을 자각하고 이를 체인體認(마음속으로 깊이 인정)한다는 것이 무엇보다도 중요하다. 그러기에 인仁은 가정과 사회에서의 온갖 관계에서 극기복례克己復禮를 내용으로 하는 윤리적인 모든 덕의 기초가 되는 심성인 것이다.

인仁은 문자 구조로 보아 '사람 인人'과 '두 이二'로 되어 있다. '사람'과 '사람'이 서로 마주하여 하나의 정신적(심리적)인 유대와 교류 상태에 있음을 가리키고 있으며, 이는 바로 사람과 사람 사이의 소통과 이해를 가능케 해 주는 그 인간성의 인仁이다.

요컨대, 인仁을 규정지어 주는 중요한 관건은 '서로 통한다.'는 데 있다. 주체와 객체, 나와 너가 상대·대립의 개별적인 존재로서의 경계를 넘어 서로가 '하나로 통하는' 곳에서 인仁은 싹틀 수가 있다. 예컨대, '측은지심惻隱之心'의 경우 이는 바로 개체와 개체의 만남과 교류가 있기에 인仁은 싹이 틀 수가 있다. 이와 같은 인간성 그것이 인仁이요, 그 인仁이 바로 인간성이다. 인이 인간성이란 말은 인은 곧 인간의 '인간된 근거'이기 때문이다. '인仁은 인人이다.'라는 말은 바로 '인仁'이 사람이 사람된 까닭임과 동시에 사람과 사람 사이의 올바른 교류와 소통의 길임을 밝힌 것이다.

따라서 인仁은 모든 윤리의 근본이며, 인仁의 추구는 곧 인간이 인간인 까닭의 추구이며, 인간과 인간의 관계의 추구이다. 이 점에서 '중용'은 인생철학·심성철학을 말한 것이라고 볼 수 있다. '대학大學'이 인간의 정신을 밖으로부터 안으로, 객관으로부터 주관으로 돌아오는 과정을 설명한 것이라면 '중용'은 안으로부터 출발하여 밖으로 표현되는 과정을 말한 것이라고 볼 수 있다.

중용사상은 유교 문화권에서만이 아니라 고대 그리스 철학이나 인도의 불교사상 등 인류의 철학사상의 근원지에서도 제기되기도 했다. 특히 아리스토텔레스Aristoteles는 인간의 올바른 생활방식을 중심으로 '선善과 행복'을 논한 체계적 윤리학서인 『니코마코스윤리학Ta Ēthika Nikomacheia(그리스어)/Ethica Nicomachea(라틴어)』

(10권)의 제2권 8장과 9장에서 '중용mean'의 '중中'을 황금같이 값진 것이라고 생각하여 '금중Gold Mean'이라고 표기할 정도였다.

그는 우주를 정적靜的인 질서의 전체로 본 것처럼 사고의 세계도 질서 있는 하나의 체계로 해석하였을 뿐만 아니라, 플라톤Platon의 '초월적 이데아론'에 의존하고 있었던 단계에서부터 경험주의로 이행함으로써 지나침이나 모자람의 양극(두 악덕)의 편향 현상을 반대하고 이를 아우르는 또 하나의 '덕aretē'은 '중용'에 의해서 성립한다고 보았다.

이렇듯 인간의 '행복eudaimonia'도 유덕有德한 정신의 조화적인 활동 속에서 찾고자 했다. 그래서 '행복은 행운이 아니라' 자기가 스스로 각성하고 수련하며 균형 잡힌 생활 습관에 의해서 얻어지는 것이라고 보았다. 이렇듯 그는 윤리적인 탁월성(덕)을 중용의 기반으로 보았다.

영국 최대의 역사가이자 국제정치학자였으며 인류사를 거시적으로 통찰하여 각 문명권의 붕괴와 발생, 종언과 시작을 사실史實에 근거하여 문명사를 연구한 비교문명론자였고, 세계정부 창설을 주창한 아놀드 조셉 토인비Arnold Joseph Toynbee(1889~1975)도 중용을 아리스토텔레스와 똑같이 '황금의 중용Gold Mean'이라고 보아 이는 선善의 극치임을 높이 평가하였다.

그는 역사 연구의 단위는 '문명' 또는 '사회'라고 보고 문명이란 살기 좋은 환경에서보다는 열악한 환경(살기 힘든 지역, 새로운 땅, 타격, 압력, 제재)에서 발생한다고 보았으며, 그때마다 자극을 주는 '도전에 대한 응전'이 성공적인 결과를 가져오려면 응전이 시중時中이어야 할 것이라고 보았다.

그는 이 시중의 응답을 잘하는 민족이 발전하며 세계를 리드할 수 있다고 본 것이다. 그는 이 점에서 지나치게 사변적인 서구의 변증법보다 정의적情意的인 면까지를 포괄하고 있는 동양의 '중용'사상에 더욱 이끌린다는 것을 고백하였다.

진정한 나는 어디에 있는가 | **제2장**

'진정한 나'로 산다는 것

1. 참 나로 사는 노력

이 세상에는 나와 같은 사람은 또 없으며 유일하게 오직 나한 사람뿐이다. 이런 나란 윤리적인 행동의 주체로서 갖는 그의미는 무엇으로도 대체할 수도 없고 분할할 수도 없다. '개체 individuality'라는 말도 '나눌 수가 없다in-divide'는 어원에서 나왔으며, 그래서 인격도 '개인적'이며, '비동물적'·'심신·정신의 통일체적'·'자아적'·'정신적'·'유기체적'·'자유의지적(실존적)'·'자기초월적'인 의미를 갖는다.

대학을 중퇴했든 졸업했든 이 세상에 단 하나밖에 없는 자신의 인생이 나이기에 그렇게 살 수밖에 없는 이유를 받아들일 수 있는 사람은, 설혹 명예퇴직을 당했다 해도 비관하지 않고 이런 자신을 겸허하게 받아들일 수 있을 것이다. 사람은 누구나 자기가 살고 있는 이유가 분명하고 사는 의미를 알고만 있다면 살아가다 어떤 실패에 부딪혀도 좌절하지 않으며 하루하루의 생활에서 보람을 느낄 수 있다. 대체로 이런 경우란 자기 분수를 알고 살며 본래의 자기가 해야 할 일을 하기 때문이라고 볼 수 있다.

이런 사람은 누구나 자신의 본성을 발현하고 있기 때문에 다른 어떤 사람의 능력도 부러워할 필요가 없다. 왜냐하면 자신은 온전히 자기 자신이며, 타인은 온전한 자신과는 다르다는 것을 깨달았기 때문이다.

사람은 자신의 장점에 긍지를 갖고 전념하게 되면 최선·최고의 가치를 가져다줄 장점을 저절로 알게 된다. 그것은 사람이 자기 본성에 부합하는 일에 집중하고 있을 때는 남을 시기하거나 부적절한 행동은 하지 않기 때문이다. 오히려 자신과 사회를 위하여 도움이 될 수 있는 능력을 사용할 수 있는 방법을 발견하게 될 것이다. 그래서 자기가 하는 일에서 무한한 긍지를 갖게 된다.

미국 기부 문화의 선구자이자 기부왕으로 대접받고 있는 존 데이비슨 록펠러John Davison Rockefeller(1839~1937) 역시 다르지 않다. 19세기 말부터 20세기 초 미국 경제를 말할 때 록펠러는 노동력 착취와 저임금으로 악명 높은 기업가였다. 그는 1870년 스탠더드 석유 회사를 설립하고 미국 석유 시장의 95%를 장악하였던 독점적 행태로 부를 축적해 온 사람이었다. 그러나 55세에 불치의 병으로 시한부 판정을 받고 나서, 그의 삶은 급변하였다. 길어야 1년이라는 통보를 받은 록펠러는 참되게 사는 삶을 위해 다음과 같은 삶의 대명제를 발견하게 되었다. '주는 자가 받는 자보다 복이 있다.'라고.

록펠러는 은퇴 이후 자신의 지난 삶을 반성하고 남은 인생을 '사회봉사'와 부의 '환원'에 전념하였다. 그러기에 그는 시카고 대학교 설립(1892), 록펠러 재단 설립(1913), 병원, 의학 연구소, 교회, 교육 등 문화 사업을 위해 물심양면에 걸쳐 헌신함으로써 삶의 진정한 가치를 실천할 수 있었고 진정한 나로 살고자 헌신하였다.

이렇듯 그는 진정한 나로서 선행을 베푼 탓인지 97세까지 장수하였고, 악덕 기업가란 오명에서 벗어나 기부 천사라는 명예를 남기고 세상을 떠났다. 그가 사회봉사와 부의 환원을 통해 얻은 '가치'는 대를 이을 정도로 록펠러 가문의 행복에 중요한 영향을 끼쳤을 뿐만 아니라 미국 사회의 기부 문화 활성에도 원동력이 되었다.

또한 그는 미국 사회에 노블레스 오블리주noblesse oblige의 모범 사례를 남겼다. 참으로 그는 복받은 사람이었다. 복은 자기가 살면서 베풀고 쌓아 온 덕만큼 받게 된다. 요컨대, 복은 자기로부터 받게 되며, 행복도 목적이 아니라 결과인 것이다. 자기가 살아온 결과로서 복은 찾아오게 된다.

세계에서 가장 가난한 대통령이라고 불렸던 우루과이의 전 대통령 호세 무히카Jose Alberto Mujica는 가난한 어린 시절에 독재에 항거하며 민중의 힘든 삶을 온몸으로 체득했다. 이 체험은 그에게는 민중을 위해 자신이 해야 할 일, 가야 할 길을 깨닫게 하였으며, 일찍이 '무소유'의 가치를 실천할 수 있는 출발점이 되었다. 그는 대통령이 된 후에도 관저가 아니라 자기 집이 있는 농장에서 농사를 지으며 일했으며, 퇴근 후에는 마을 가게에서 차를 마시며 이웃과 담소를 나눌 만큼 서민의 눈높이에서 국민과 함께했다. 이렇듯 그의 검소함은 몸에 배어 있었으며 타인을 위해 스스로를 아낌없이 내줄 줄 아는 사람이었다.

그는 대통령 월급의 90%를 빈민층을 위한 주택사업에 기부하고 나머지 10%로 생활했으며, 도움의 손길이 필요한 곳에는 가장 먼저 나서서 힘을 보탰다. 28년 된 낡은 자동차와 오래된 농장뿐 대통령 임기를 마친 후에도 그의 재산은 변함이 없었다. 평생을 청렴결백하게 나눔의 삶을 살아온 무히카의 인생은 '진정한 나'를 찾는 여정이었다.

2. 사소한 일에 불안해하는 것도 '진정한 나'

사람에게는 다양한 감정이 있다. 공포와 증오와 질투, 불안의 감정이 있는가 하면 기쁘고 만족해하는 감정도 있다. 이것이 인간의 적나라한 모습이며 진정한 나이다. 이런 '나'의 모습을 발견하게 되면 강한 나가 될 수 있다고 본다. 누구나 사람은 무슨 일을 할 때면 욕심이 지나치거나 너무 앞선 나머지 잘 풀리지 않아 불안해서 밤에 잠을 잘 이루지 못하는 경우도 '진정한 나'를 발견하지 못하기 때문이다.

사람들 가운데는 '이상적인 자기'를 '참 나'로 착각하고 있는 사람도 있다. 이 점은 자신의 부족한 점, 무능한 점은 가급적 의식에서 지우려 하고 좋은 점만을 생각하려고 하는 매우 이기적인 생각 때문에 자신의 참모습을 발견 못하는 것과도 관계가 있다. 중요한 것은 잘났든 못났든 현실적인 자기도 받아들일 수 있는 사람이 '진정한 나'를 발견할 수 있는 사람이다.

본디 슈퍼맨이란 없다. 누구나 생소한 일에는 초조하고 불안해하는 것이 '진정한 나'의 모습이다. 그러나 불안할 때, 이는 '진정한 나'가 아니라고 생각하여, '진정한 나'를 발견하게 되면 불안해하지 않을 것이라고 착각하는 사람들도 있다. 이런 사람은 가급적이면 나를 미화시키려고 하는 사람이며, 위선적이며 허영심이 강한 사람이다.

그래서 현실적인 자기를 인정하려고 하지 않기 때문에 진정한 나를 발견하지 못하게 된다. 그 결과 초조와 불안 가운데서 자기 안에 '참 나'가 있는지를 모르고 밖에서 찾으려고 안달하게 된다. 그래서 열등감도 심화된다.

사람은 본디 태어날 때 '출생체험'이라는 것을 체험하게 된다. '출생체험'이란 태아가 자궁 → 산도 → 탄생의 과정에서 겪는 매우 힘들고 고통스러운 체험을 말한다. 태아에게 있어서 아기집은 낙원이었고, 분만은 낙원으로부터의 추방이었고, 산도를 통과하는 과정은 불안과 고통의 체험이다. 이때 겪는 출생외상은 인간이 체험하게 되는 최초의 '심적외상psychic trauma'으로서, 이것이 불안의 원형이 된다고 한다.[1]

결코 자기만이 불안해하고 있는 것으로 생각할 필요는 없다. 이런 생각에 매이게 되면 '진정한 나'는 점점 멀리 달아나고 만다. '진실성realness'이란 말에는 '현실'이라는 의미도 함의하고 있다. 때문에 거짓이 없다는 의미이며, 진정한 나로서 살기 위해서는 이를 받아들일 줄 알아야 한다.

자기가 지금 체험하고 있는 사실을 왜곡됨이 없이 가장하지 않고 사실 그대로를 인식하고 표현할 수 있다는 것이 진실하게 살 수 있는 조건이다. 우스울 때 웃으며, 실패하고 나서 울고 싶을 때 울 수가 있는, 꾸밈이 없는 그런 '나'로서 있을 수 있다는 것이 진정한 나의 조건이다.

신프로이트 학파의 여류 정신분석학자 카렌 호나이Karen Horney (1885~1952)는 아동기의 어린이와 부모와의 관계를 사회적·문화적 요인의 관점에서, 인간 행동의 기본이 되는 것은 '안전을 구하는 욕구'라고 보고, 이때 무력감·고립감·적대감과 위선의 감정이 만드는 감정을 기본적 불안basic anxiety이라고 말했다.

---

1) Otto Rank, *Das Trauma der Geburt*, 1929; *The Trauma of Birth*, New York: Harcourt Brace; Stanislav Grof, *Beyond the Brain*, Albany, N.Y.: State University of New York, 1985, p. 140.

이와 같은 성장 배경을 가진 사람이란 자신의 현실적인 모습이 '참 나real self'임을 인정하기 어렵고, 또한 기본적 불안이 심한 어린이는 그 불안을 가라앉히기 위해서 각종 신경증적 경향을 보여 주기도 한다.

특히 기본적 불안이란 단순히 감정으로서만이 아니라 '누구도 나를 인정하지도 않고 기대하지도 않는다.'고 하는 '심리사회적 요인'도 함께하기 때문에 그 의미가 크다는 것을 알아야 한다. 그러나 기본적 불안은 '신경증'을 만드는 데 필요한 한 인자이기는 하지만, 충분조건은 아니다. 온정적인 부모와 교감적인 선생님의 보살핌에 의해서 사회적 적응을 도와줌으로써 불안이 완화될 수도 있다. 그러나 역으로 성장 과정에서 인간관계가 원만하지 않을 때는 신경증을 만들게 되고, 여기에다 자신이 살고 있는 사회문화가 신경증의 기반이 되고 있다는 것도 알아 둘 필요가 있다.

3. 괴로움의 원인을 책임전가하지 않는다

사람들 가운데는 자신감이 없는 사람이 있다. 이런 사람은 대체로 피암시성suggestibility이 강해서 남의 말 한마디로 기분이 불쾌해진다. 이는 '참다운 나'로서 살고 있지 않기 때문이다.

이런 사람은 자신의 행동 결과가 불리하거나 실패했을 경우에 그 원인을 자신의 내적 요인보다는 외적 요인으로 돌릴 수 있는 사람이다. 예컨대, '노력했는데도 시험 성적이 나빴다.'고 할 경우, 그 원인을 자신의 내적 요인(성격·태도·능력·공부하는 요령 등)에 귀인시키지 않고 외적 요인(시험 문제의 모순·당일의 운수 등)으로 귀인시키는 경우이다. 이는 책임을 어디론가 전가시키게 되면 심리적으로 약이 되기 때문이다.

이렇듯 참다운 나로서 살고 있지 않는 사람은 자신의 '속성'에 책임을 돌리지 않고 자기에게 유리한 쪽으로 전가시킴으로써 심리적인 안정과 만족을 얻으려고 한다. 그러나 참다운 나로서 살아가기 위해서는 실패의 책임을 '내 탓'으로 돌릴 수 있을 만큼 심성이 성숙되어 있지 않으면 안 된다.

심신이 몹시 지쳐 있다고 하자. 그래도 오늘은 더 열심히 일하지 않으면 안 될 상황이다. 게다가 오늘의 작업 성과가 자신의 장래에 영향을 줄 만큼 중요한 일일 때도 있다. 이럴 때 사람들은 그 어느 때보다도 긴장하게 되고 초조하게 된다. 잠깐 쉬었다 일에 착수하려고 해도 좀처럼 편히 쉬어지지가 않는다. 누워서 잠시 휴식을 취하려 해도 긴장만 되고, 밤에 잠을 자려고 해도 불안과 긴장 때문에 시간이 갈수록 눈망울만 초롱초롱해서 잠을 이루지 못해 고생하게 된다. 이럴 때는 초조의 악순환만 심화된다.

그러나 지금까지의 이 모든 것이 '저 사람 탓이다.'라고 책임을 전가시킬 수 있게 되면 심리적으로는 일단 약이 된다. 그것은 정신적인 부담을 덜 수 있고 마음도 다소 편안해지기 때문이다. 그렇지만 때로는 책임을 전가시킬 대상이 떠오르지 않을 때가 있다. 이럴 때 '그것은 내가 참 나로 살고 있지 않기 때문이다.'라고 해석하면 심리적으로 편안해지게 될 것이다.

요컨대, 지금 나는 '참 나'로서 살고 있지 않다는 것에 책임을 자신에게 돌린다는 것이다. 사람은 마음이 괴로울 때면 괴로움의 원인을 알아내어 이것 때문에 고통받고 있다고 생각해서 마음의 부담을 덜고자 하는 심리적 기제가 있다. 만약 그것이 어느 특정인이라면 그 사람을 원망함으로써 마음의 고통을 해소시키려고 한다. 또는 '참다운 나'로서 살지 않고 있는 지금의 나의 생활 방식이 괴로움의 원인이라는 것을 생각하게 된다면 더 없이 좋은 일이다.

그러나 본래 인간이란 전지전능하거나 슈퍼맨이 아니기 때문에 사람들과 의견이 충돌하면 불유쾌해지는 일도 있을 수 있다. 또는 대수롭지 않은 상대의 무례한 처신으로 화가 날 경우도 있을 수 있다. 그리고 기대했던 일이 실현되지 않을 경우에는 실망도 하고 우울해질 수도 있다.

그래서 누구나 불안한 긴장이 지속되면 심신이 지치게 된다. 그래서 사람들과의 말다툼도 잦아진다. 이것이 꾸밈없는 인간의 모습이다. 이를 인정하는 것이 중요하다.

이런 일은 인간이기에 있을 수 있으며 지금의 나가 '참다운 나'가 아니기 때문이라고 말할 수 있는 성질은 아니다. '참다운 나'

가 아닌 생활방식에다 모든 고통의 원인을 귀인시켜 버리게 되면 결과적으로 '참다운 나'는 끝내 발견할 수 없게 된다.

'참 나'로 살고 있어도 싫은 기분이 생길 때도 있다. '참 나'로 살고 있다 해도 경우에 따라서는 사람들과의 관계가 원만하지 않을 때도 있다. 현실적으로 사람은 이렇게 살고 있다. '참 나'를 발견하게 되면 항상 기분도 상쾌하고 원기 왕성해서 유쾌한 기분으로 살 수 있다고 생각하는 것도 착각이다.

그렇게 되면 '참 나'는 마법의 지팡이와 같은 것이어야 할 것이다. 인생에는 마법의 지팡이와 같은 것은 없다. 인생에서 마법의 지팡이를 찾으려고 하는 것은 오히려 신기루의 인생을 좇는 사람이다.

4. 산다는 것은 누구에게나 고통스럽다

사람은 누구나 자기가 점유하는 사회적 '지위'가 있고 이에 수반하여 사회가 기대하는 표준화된 '역할'이 있기 때문에 이를 만족스럽게 해낸다는 것은 힘들고 어려운 일이다. 예컨대, '이 일을 하게 되면 저 사람으로부터 인정받게 될 것이다.'라고 생각하여 최선을 다했는데도 상대방의 생각과 기대를 잘못 이해하여 그 뜻을 이루지 못했다고 하자. 이럴 때는 누구라도 마음의 상처를 받고 좌절로 인하여 기분도 어두워질 수밖에 없을 것이다. 다만, 정서적으로 성숙되어 있는 경우는 그 정도가 가벼울 것이며 정서적으로 미숙할 경우에는 그 상처가 깊을 것이다.

누구나 사람은 본인의 기대 수준만큼 충족되지 못할 때는 정도만 다를 뿐이며 마음의 상처는 받기 마련이다. 이럴 때 정서적 미숙을 지금의 나는 '참 나'가 아니기 때문이라고 그 원인을 참 나로 돌려 버린다면 불행한 일이지만 그런 사람은 영원히 '참 나'를 만날 수가 없게 될 것이다.

누구라도 친한 사람과 말다툼을 하고 나서 기분이 좋을 사람은 없다. 그렇지 않다면 그 사람과의 친근 정도는 깊지 못한 것이다. 심리적으로 정상이며 건강하다면 친밀도가 높을수록 말다툼을 하고 나서 기분이 가라앉는 것은 누구에게나 있을 수 있는 일이다. 이것이 인간이다. 항상 명랑 쾌활한 기분으로 사는 사람은 없다.

누구든 어두운 기분을 갖고 싶어 하는 사람은 없다. 명랑 쾌활한 기분으로 사는 것이 좋은지를 알면서도 역시 사람인지라 언쟁을 하고 나면 기분이 상해서 마음도 어두워지게 된다. 그래서 '이대로는 안 되겠다.'고 생각하면서도 울적하거나 신경이 날카로워질 수도 있다. 특히 내성적이거나 자존심이 강하고 강박적인 사람일수록 그 정도는 더욱 심하다.

그렇지만 내심으로는 누군가가 어둡고 날카로워진 내 마음을 고무시켜 줄 수 있고 명분을 찾게 해 준다면 하고 바랄 때도 있다. 그러나 그런 사람이 없을 때는 홀로 어두운 절망이라는 심연의 궁지에 몰릴 때도 있다. 정서적으로는 성숙되어 있어도 때론 '내 입장을 이해해 주지 않는다.' 하여 심리적인 패닉 상태가 되고 마는 경우도 있다. 또는 주위 사람들이 궁지에 몰린 자신의 상황을 이해해 주지 않아서 궁지에 몰렸다고 생각하여 혼자서 위기의식에 압도되어 패닉 상태로까지 악화될 경우도 있다.

이럴 때 만약 내가 '참다운 나'를 발견했다면 초조하고 짜증나지도 않을 것이라고 생각하는 것은 어리석은 일이다. 누구라도 주위 사람들의 오해나 몰이해로 인하여 이런 생각을 할 때도 있다. 누구와 언쟁을 하고 싶어서 하는 사람은 없을 것이다.

자기 인생에서 삶의 가치와 의미를 느낄 수가 없어서 사는 것이 힘들어졌을 때 '참 나'가 어딘가에 있다고 생각하여 찾으려고 애쓰는 것은 무의미한 짓이다. '참 나'가 따로 어디엔가 있다고 생각하는 이른바 '자기탐색 증후군'의 사람이란 기본적으로 인간에 대한 오해가 있는 사람이다.

산다는 것은 누구에게나 힘들 때가 있다. '참 나는 어디에 따로 있다.'고 생각하는 사람은 정말로 궁지에 몰렸던 체험이 없는 사람이다. 어쩌면 자신이 주위 사람을 궁지로 몰고 있는 것일 수도 있다.

은둔자의 부모나 일확천금의 요행수를 꿈꾸고 있는 실업자의 부모를 생각해 보자. 그들은 이미 심리적으로 한계에 와 있다고 본다. 부모를 힘들게 해 놓고 자신은 부모를 그렇게 만든 것에는 전혀 아랑곳없이 '참 나는 어디에 있다.'고 착각하고 있는 것이다. '참 나'로 살아가기 위해서는 하루라도 빨리 이런 착각에서 벗어나야 한다.

5. 의미 있는 인생의 행복

우리가 삶을 영위함에 있어서는 저마다 나름의 삶의 계획과 목적이 있기 마련이며, 그 과정에서 성공·만족·행복을 추구하게 된다. 이때 중요한 것은 내가 '어디'에서 살며, '무엇'을 하고 살며, '누구'와 함께 살며, 사회적 '직위'가 어떠하며, 얼마나 '소유'하고 있느냐가 아니라 '어떻게' 사느냐의 방법이다.

미국의 사상가이며 수필가였고 초월주의자였던 핸리 데이비드 소로Henry David Thoreau(1817~1862)는 '콩고드' 근교의 '월든 호수Walden Pond' 가에 최소한의 물건만 가지고 주변의 나무들로 오두막 하나를 지은 후 1845년부터 2년 2개월 2일간 자급자족과 고독과 '무소유'의 삶을 살았다. 그의 생각에 의하면 현대사회를 살아가는 우리는 '본질적인 가치'에 집중하기가 쉽지 않다. 현실생활이 너무 많은 것에 신경을 써야 하고, 다양한 가치를 지향해야 하며, 또한 이것들이 마치 본질인 것처럼 강요받으며 살아야 하기 때문에 그는 이를 등지고 호반의 숲속에서 생태주의적 삶을 살았다.
그는 자신이 숲에 들어간 이유를 이렇게 말하였다.

"내가 숲속으로 들어간 것은 인생을 '의도적'으로 살아 보기 위해서였다. 요컨대, 인생의 '본질적 사실'만을 직면하려는 것이었고, 인생이 가르치는 바를 내가 배울 수 있는지 알아보고자 했으며, 죽음을 맞이했을 때 내가 헛된 삶을 살았구나 하고 생각하는 일이 없도록 하기 위해서였다."[2]

그가 체험한 무소유의 '삶의 주요 목적'과 '소박한 삶'을 사색의 주된 과제로 삼아 집필한 불후의 명작 『월든, 숲속의 생활Walden, or Life in the Woods』(1854)은 후세 사람들의 의미 있는 인생을 살아가는 데 위대한 지침이 되어 주고 있다. 그중에서도 '나는 어디서 무엇을 위해 살았는가.'라는 글에서, '없어도 되는 게 많을수록 그만큼 부자다.'라는 가르침은 특히 새길만 하다.[3]

소로가 말하는 '의도적 인생deliberate life'이란 좀 이상론적이기는 하지만 세상이 우리에게 강요하는 수많은 무리한 가치와 목표에서 완전히 벗어나 본인에게만 집중해 보려는 생활 태도였다. 그리고 본질적 사실들을 통해 자신에게 주어진 진정한 인생의 사명을 깨닫기 위해서였다.

누구나 자기 인생의 '사명'을 깨닫게 되면 삶 자체가 풍요로워진다. 그러나 정신없이 살다가 어느덧 죽음의 문턱에선 허무와 아쉬움과 회한의 유언을 남기는 경우가 많다. 하지만 소로는 죽

2) H. D. Thoreau, *Walden*, New York: Oxford University Press Inc., 1854, p. 83.
3) Ibid., pp. 75-76.

음을 앞두고 '이제 멋진 항해가 시작될 것'이라고 말했다. 그는 사명을 깨달았기에 죽음마저도 '멋진 항해'라고 여길 만큼 누구보다도 풍요롭고 행복한 인생을 살았다.

우리는 자기 인생의 사명을 찾기 위한 질문을 스스로에게 던져 보면 어떨까? 나는 무슨 인생을 원하고 있는가? 나는 어떻게 내 인생의 본질적 가치를 추구하는 '의도적 인생'을 살고 있는가? 이 물음에 대한 해답이 당신의 '멋진 인생 항해'를 위한 희망찬 돛이 되어 줄 것이다. '무소유'의 실천으로 유명한 법정法頂 스님 (1932~2010), '불살생계ahimsa(비폭력적 관용)'로 인도 민주운동을 지도한 간디Mahatma Gandhi(1869~1948)도 소로의 사상에서 영향을 받았다고 한다.

6. 선의 실천과 행복

사람은 자기가 바라는 것을 얻었을 때 이를 '어떻게' 받아들이며 느끼고 인지하느냐는 매우 중요하다. 왜냐하면 우리가 객관적으로 획득한 것이 평소 갈망했던 것이라 해도 주관적으로 경험하는 '효용utility'에 있어서는 사람에 따라서 다르기 때문이다. 예컨대, 동일한 이득으로부터 얻는 '효용가치'도 대기업자보다는 영세업자가 더 클 것이다. 왜냐하면 1달러를 통해 얻는 효용은 자기가 현재 소유하고 있는 달러에 따라서 달라질 것이기 때문이다. 이렇듯 만족감이나 행복감도 그 사람의 요구 수준 및 감성이나 인식 구조에 따라서 상대적이다.

그러나 행복이란 기실 정신생활의 한 조건이기는 하지만 알고 보면 본래 그것은 심리학적 영역이기보다는 윤리학적 영역에 속하는 개념이었다. 그래서 과거에는 행복은 윤리의 중심 문제였으며, 인간의 실천적인 선善과 인간 행위의 궁극적인 목적으로서 '행복'을 생각하게 되었다.

또한 행복이란 개인적으로도 의미가 있는 것이라야 하겠지만 사회적으로도 의미가 있는 것이라야 한다. 개인적으로만 의미가 있고 사회적으로는 의미가 없을 뿐만 아니라 사회에 폐를 끼치는 경우도 있다. 이와는 달리 개인의 행복을 희생시키고 보다 중요한 사회의 공익을 위해 살아가는 것을 만족스럽게 생각하는 사람도 있다. 이는 자기초월적인 태도로서 그만큼 삶의 가치를 사회적으로 승화시킨 행복이다.

인생을 행복하게 하는 것은 무엇인가? 그리고 의미 있는 행복은 어떻게 결정되는 것인가? 이 문제는 우리 모두가 사람답게 살고 진정한 나답게 살기 위해서, 그리고 자신에게 주어진 인생의 사명을 깨닫기 위해 스스로 물음을 던지고 양심과 인격이 이에 답하지 않으면 안 된다.

고대 그리스에서는 인간의 '이상적인 삶'의 방식을 '올바르게 산다eu zēn.'라는 표현을 사용하였지만, 이 말은 때론 인간의 궁극적 목적인 '최고선'의 '행복eudaimonia'과 거의 같은 의미로도 사용되었다. 플라톤Platon도 이 말의 뜻을 더욱 분명히 하기 위하여 '삶에 있어서 중요한 것은 아무 목적도 없이 그저 사는 것이 아니라 올바르게 산다는 데 있다.'라고 하는 소크라테스에서 유래한 이 명제를 발전적으로 유지해 가면서, 단순한 생명의 존속 이상의 삶의 자세와 삶의 질만이 의미가 있다고 보았다.

행복의 추구란 인간에게 있어서 극히 자연스러운 것이며, 피할 수 없는 '욕구'이거니와 그 내용은 개인의 주관적인 의식 구조나 생존방식에 의존하기 때문에 행복 개념을 하나의 뜻으로 정의하기란 어려운 일이다.

그것은 개인의 의지 및 각종 욕구와 만족의 종류와 정도에 따라 행복이라고 생각하는 인식 방법도 생리학적 차원에서부터 정신적 차원에 이르기까지 매우 다양하기 때문이다.

행복은 단순히 감성적 욕구 충족의 쾌락 상태나 부의 성취와 사회적 지위·명성의 획득에서 오는 성공감이나 행운과 같은 것은 아니다. 행복의 최상의 정신적 지주는 '덕德'에 있다. 덕은 행복과 무관하거나 이에 반하는 관계에 있는 것이 아니라 오히려 '행복 그 자체가 덕이다'.

왜냐하면 우리가 행복을 논할 때는 타인의 행복에 대해서도 생각하지 않으면 안 된다는 것도 올바르게 사는 윤리이기 때문이다. 그러기에 우리는 우리가 사랑하는 대상에 대해서도 자기가 행복한 것 이상의 선善을 실천할 수도 있다. 요컨대, 사랑하는 사람을 위해서 죽었기 때문에 그는 행복했던 것이 아니라, 그는 행복했기 때문에 사랑하는 사람을 위해서 죽을 수 있는 힘과 용기를 가지고 있었던 것이다.

우리가 일상적인 작은 일에서부터 자기가 좋아서 자신을 희생시키는 데 이르기까지 용기를 낼 수 있는 것도 그 자체가 행복했기 때문에 가능하다. 때문에 행복은 '힘'이며 '용기'이며 '덕'인 것이다. 예컨대, 조국의 독립을 위하여 자신의 행복을 버리고 보다 의미 있는 거사를 할 수 있는 것도 평소에 애국을 하는 것을 행복하다고 생각했기에 조국을 위해 죽을 수 있는 용기와 힘이 나왔던 것이다.

때문에 행복을 무기로써 싸우는 사람은 죽었다 해도 그는 자기초월적인 차원에서 행복한 것이다. 이런 사람의 행복은 자신의 생명과 동일시함으로써 자신의 인격과 하나로 보게 된다. 이런 점에서 행복은 곧 인격인 것이다. 행복을 말살한 윤리는 언뜻 보기에는 아무리 논리적이라 할지라도 기실 허무주의에 빠져 있다는 것을 명심할 필요가 있다.

이 점에서 양심의 의무와 행복에 대한 욕구는 대립적인 관계가 아닌 것이다. 행복에 대한 감성은 도덕의 주체인 '인격'과 관계를 갖는다. 오늘날처럼 사회의 각 영역에서 그럴듯한 명분을 내세워 '인간적인 행복'이 말살되어 가는 현실은 그만큼 양심이 병들어 가고 있는 사회임을 말해 주고 있는 것이다.

우리가 양심의 의무를 생각하지도 않으며 수단 방법을 가리지 않고 목적을 달성함으로써 얻은 행복이 과연 참된 행복이 될 수 있을 것인가? 개인적으로만 행복하면 된다고 생각하는 사람이 많은 사회는 병든 사회이다. 이 점에서 행복은 양심을 벗어날 수가 없다.

진정한 나는 어디에 있는가 | **제3장**

자신에 성실하게 산다

1. 사는 것이 힘들 때 생각은 깊어진다

사람이 최선을 다해서 성실하게 살아간다는 것은 그 사람의 품격의 정도를 보여 주고 있는 것이다. 이런 사람은 설혹 결과가 만족스럽지 않아도 이를 긍정적으로 받아들이며, 여기서 다음을 위한 교훈을 얻는다. 그래서 삶이 진지眞摯한 데가 있다. 그리고 자신에게 성실하게 살아가는 사람은 저절로 대자연이나 이웃 사람들에게도 성실하다.

그러나 사람들 가운데는 남에게는 그토록 정성을 다해 응대하면서도 자신에게는 불성실하게 사는 사람이 있다. 이런 사람은 그것이 봉사와 희생 정신의 발로가 아니라 사람을 인격적인 목적으로서가 아니라 이용가치의 수단으로 보아 자신에게 이롭다면 무엇이든지 할 수 있는 사람이어서 비겁해서 쉽게 등을 돌릴 수 있는 사람이다.

『이솝우화』에는 다음과 같은 교훈적인 이야기가 있다.

거북이는 어느 날 개구리와 놀게 되었다. 거북이는 개구리가 좋아하는 작은 물고기를 열심히 잡아서 주었다. 개구리가 이를 기쁘게 생각하자 거북이도 좋아했다. 그런데 개구리와 놀고 있던 거북이가 정신을 차렸을 때 거북이는 이미 바다로부터 너무 멀리 떨어져 있었다. 게다가 시간도 늦어서 주위가 어두워지고 있었다.

개구리는 좋아하는 모기를 맛있게 잡아먹고 있었다. 거북이는 이를 바라만 보고 있을 뿐이었다. "나는 도대체 무엇을 하고 있었단 말인가?" 개구리는 먹는 것조차도 나누어 주지를 않았다. 내게 모기를 주어도 모기는 먹을 수가 없었다. '아! 어떻게 되어서 내가 여기까지 오고 말았단 말인가!'라고 거북이는 후회하며 슬퍼했다. 거북이는 이젠 너무 커서 개구리의 세계에는 동화될 수도 없었다.

힘들게 개구리를 따라 온 거북이는 내가 무엇을 개구리에게서 얻고자 했는가를 이때 비로소 깨닫게 되었다. 그래서 누구라도 나의 이 허전한 마음을 위로해 주었으면 하는 마음이었다. 이제 거북이는 바다에 살고 있을 친구도 싫어졌고 누구라도 좋으니 나를 즐겁게 해 주기를 바라는 심정뿐이었다. 거북이가 좀 더 일찍 자기를 알았더라면 자기에 맞는 상대를 골랐을 것이다. 그렇게 하지 못한 결과 결국 거북이는 외롭게 혼자서 쓸쓸히 들판에서 살게 되었다.

사람은 남과 나를 구별하는 가운데서 '자기가치'를 알고 '자중자애'를 할 줄 알아야 한다. 이런 '현실감sense of reality'이 발달되어 있지 않은 사람은 자기가 지금 어디에 있는지, 역할이 무엇인지를 모르고 기분에 따라서 살기 쉽다. 이런 사람은 거북이와 똑같은 처지가 되고 만다. 남의 비위만을 살피고 맞추려는 사람은 참다운 자기를 놓치게 되고 늦게서야 후회하고 절망한다. 또한 이런 사람은 외로운 자기를 위로하고 칭찬해 줄 때 이에 만족한 나머지 참다운 자기를 놓치게 된다.

만약 거북이가 평소에 자신을 알고 행동했더라면 자신에게 걸맞은 생활 영역 속에서 놀았을 것이다. 부질없이 개구리를 끈덕지게 따라가지도 않았을 것이다. 또한 자신이 살아가는 방식에 자신自信이 있었더라면 주책없이 개구리에 영합하지도 않았을 것이다.

만약 거북이가 살아가는 것에 자신을 보였더라면 개구리 쪽에서 다가왔을지도 모른다. 우리가 살고 있는 현실 가운데도 오직 권력이나 재물만을 얻고자 이런 바보 같은 인생을 살다가 비참해진 사람이 얼마나 많은가.

중·고등학교 시절에는 비교적 착하고 자기 처지와 분수를 알고 행동하는 사람이었는데 고위 관료에 대한 부모의 기대를 실현시키기 위해 행정고시에 합격하여 고위 관료가 되었다. 그렇지만 중년이 되었을 때 자신은 관료로서는 적재適材가 아니라는 것을 알았다. 하지만 이 나이에 새로운 직종으로 옮긴다는 것이 힘들다고 생각하는 경우도 있다. 이 점은 거북이가 '아, 어떻게 되어서 내가 여기까지 오고 말았단 말인가!'라고 후회한 것과 똑같은 경우이다.

이런 경우에는 흔히 출구를 찾지 못하여 자살로 생을 마감하는 사람도 있는가 하면 자살까지는 가지 않더라도 우울증에 시달리다가 인생을 마감하기도 한다. 또는 우울증세까지는 가지 않더라도 신경증세로 인하여 여생을 불행하게 사는 사람도 있다. 혹은 일을 중도에서 팽개치거나 될 대로 돼라는 식의 무책임한 인생을 사는 사람도 있다. 인간의 일생이란 좋은 일만 열심히 하고 살아도 짧다. 하물며 이런 좋지 않은 일도 마음을 쓰게 되면 그 사람의 일생은 순식간에 끝나게 된다.

미국에서는 노만 로젠탈Norman Rosenthal에 의해 『감정혁명The Emotional Revolution』(2001)이라는 책도 출판되었다. 여기서 저자는 우울 상태에 있는 사람은 자기가 하는 일이 좋지 않다든가, 결혼 생활이 불행했다든가, 경제 상태가 어렵다는 등 자신의 우울 상태에 대한 여러 가지 이유를 말하지만 항우울제를 복용하고 나서 상태가 좋아지고 나면 동일한 상황이지만 느낌이 달라져서 '이 일은 나쁘지 않다.' '경제 사정은 그럭저럭 유지되고 있다.' '결혼 생활의 미래는 밝다.'라고 말하게 된다고 말했다.

이 점은 사람이 살아가는 데는 재미있고, 즐겁고, 좋은 것을 느낄 수 있는 '마음의 조정 능력'이 필요하다는 것을 말해 주고 있다.

『채근담菜根譚』 후집/87에는 다음과 같은 아포리즘이 있다.

神酣^{신 감}이면 布被窩中^{포 피 와 중}에 得天地冲和之氣^{득 천 지 충 화 지 기}하고 味足^{미 족}이면 藜羹飯後^{여 갱 반 후}에
識人生澹泊之眞^{식 인 생 담 박 지 진}이니라.

정신적인 활동력이 왕성한 사람은 거친 베 이불을 덮고 좁은 방 가운데에 있어도 천지의 바르고 온화한 기운을 느끼고 호흡할 수가 있다. 마찬가지로 입맛이 넉넉하면 비록 명아주국에 밥을 먹고 났을지라도 인생의 담백한 참맛을 알 수 있지 않겠는가.

2. 마음의 여유가 없으면 자기를 상실하기 쉽다

사람들 가운데는 상대를 격려하기 위하여 "당신은 이토록 열심히 일해 왔으며 오늘날까지 이렇게 버티어 왔기 때문에 당신은 충분히 자신에게 긍지를 가질 수 있습니다."라고 말할 경우가 있다.

한 중소기업인의 경우, 일반적인 기준으로 볼 때 장기간 성실하게 일해 왔다. 회사에서는 중견 간부로서, 가정에서는 남편과 아버지로서 그 책임을 훌륭하게 해 왔다. 때문에 사람들은 당신이 자신에게 긍지를 갖는다는 것은 당연한 일이라고 말해 준다.

그렇지만 어떻게 된 일인지 본인은 자신에 대해 긍지를 갖지 못한 사람이 있다. 그래서 주위 사람들은 그 사람이 자신에 대해 긍지를 갖지 못하는 것에 대해서 이상하게 생각한다. 문제는 그가 해 온 일의 질이나 양도 아니며 그가 수행해 온 책임의 무게도

아니다. 또는 그가 맡아 온 일의 부담감 때문도 아니다. 기실 그가 해 온, 또는 하고 있는 일이 너무도 중차대하여 그만큼 일반인보다도 사회에 공헌한 바도 컸다.

그렇지만 사는 것에 지쳐 버린 그는 자기 자신에게 긍지를 갖지 못한 것이다. 그것은 자기가 한 일에서 긍지를 느낄 수 있는 마음(지·정·의)의 균형을 잡아가는 에너지를 이미 상실해 버렸기 때문이다.

사람에게는 환경 적응이나 생명 유지를 위해 동적인 평형상태homeostasis를 유지할 수 있는 조절기능이 필요하다. 그래서 마음의 평정平靜과 지·정·의의 균형을 잡아가는 심적인 에너지가 있다. 이 에너지가 부족할 때 정신적인 균형이 깨져서 강박 현상, 불안, 허무감에 얽매이게 된다.

이 때문에 앞에서 든 사례의 경우와 같이 심적 평형을 잡아갈 능력을 상실한 사람은 설혹 아무리 좋은 일을 많이 했다 할지라도 자신에 대해 긍지를 느낄 수 없게 된다.

이는 한 가지 일에 보람을 느끼며 너무 오랫동안 전력 투입한 나머지 지쳐 있다는 것과도 관계가 있다. 지나치게 오랫동안 스트레스를 참고 버티는 동안에 자기를 상실함으로써 기쁨이나 즐거움이나 긍지도 느낄 수 없게 되어 버린 것이다. 이른바 갑자기 '감정반응'이 타 버린 '소진燒盡 증후군burn-out syndrome[1]'을 보이게

---

[1] 한 가지 일을 해내기 위해 전력을 투구하는 데서 보람을 느꼈으나 갑자기 지금까지의 열정과 의욕을 상실하여 무기력해지는 상태를 말한다. 대체로 성취의욕이 왕성한 적

된다.

　이런 사람들은 정신적 내성耐性이 부족해서 심리적인 공허감이나 삶의 의미와 목적이 결여된 '실존적 좌절existential frustration'로도 발전하게 된다. 이런 경우에는 '욕구좌절 내성frustration tolerance'과 '삶의 의미를 지향하는 의지'를 키우기 위하여 '실존적 대화'가 필요하다.

　'실존적 대화'란 어떠한 것일까?

　어떤 치료에서나 중요한 것은 치료 기술보다는 상대를 한 사람의 소중한 인간으로서 공감과 성의로 대하는 인간관계의 '성실성'과 이 성실성을 가지고 대하는 '실존적 만남existential encounter'이다.

　다음은 프랑클Viktor Emil Frankl이 각종 워크숍에서 성공 사례로서 자주 인용하였다고 전해지는 치료 사례이다.

　　어느 날 깊이 잠들어 있는 오전 3시에 한 낯선 여성으로부터 전화가 걸려 왔다. 전화 내용인즉, 자기는 이제부터 자살할 생각인데, 그전에 이름난 정신과 의사인 프랑클 선생이라면 무엇이라고 말할까를 듣고 싶었다는 것이었다. 흔히 있는 일반적인 수준의 정신과 의사였

극적인 사람에 많다. 이는 전력을 투입하고 있는 사안에 자신을 지나치게 일체화시킴으로써 그 밖의 일에 대해서는 관심을 돌릴 마음의 여유가 없어져서 자기를 상실함으로써 나타나는 증후이다. 미국 정신분석의 하버드 프루덴셜 버거Harvard Freuden Berger가 병원의 케이스 워커와 간호사에게서 이와 같은 증후군을 발견하여 명명한 것이 그 시작이었다.

다면 심야전화의 무례함에 화를 낼 수도 있었겠지만, 프랑클은 성의를 다해 이 여성에게 살아야 한다는 이유를 온갖 수단을 다 써서 설명했다고 한다.

약 30분 정도 말했더니, 그 여성은 "오늘은 죽는 것을 그만두겠습니다. 어쨌든 내일 선생님을 뵈러 병원으로 찾아가겠습니다."라고 말하고서 전화를 끊었다고 한다.

다음날 프랑클은 그 여성에게 어째서 죽는 것을 그만두게 되었느냐고 물었다.

그녀는 이렇게 말했다. "사실은 선생님이 설명해 준 어떤 말도 솔직하게 말해서 조금도 내 마음에 와닿지는 않았습니다. 그렇지만 프랑클 선생님은 심야에 낯선 사람으로부터 걸려 온 전화 때문에 잠을 설쳤음에도 불구하고 화도 내지 않고 '인내와 성의'로 내 말을 들어 주셔서 나로 하여금 이런 사람이 있는 세상이라면 살 만한 가치가 있을지도 모르겠다는 생각을 하도록 해 주었습니다."

이 사례는, 인간의 마음을 움직이는 것은 결국 그 사람의 마음으로부터의 '성의'이며, 이 성의를 바탕으로 한 '나와 너'의 관계 '참다운 인간적인 만남encounter'이 중요하다는 것을 상기시켜 준다. 그렇지만 프랑클은 맹목적인 성의의 대화가 아니라, 살고 있는 것에서 쌓인 공허감·좌절감에 직면할수록 정신적인 기력을 북돋아 주는 것이 중요하다고 말한다.

이런 점에서 '참다운 인간적인 만남'은 실존주의적 상담의 기본 핵에 해당한다. 이 경우에 사용할 수 있는 것이 인생의 의미에 초점을 맞추는 로고테라피logotherapy(의미logos+치료therapy)인 것이다.

로고테라피의 기본 가설은 다음과 같다.

① 의지의 자유. 결정론에 대한 반대. 인간은 각종 조건에 대해서 스스로 어떤 태도를 취할 자유를 갖는다.
② 의미를 추구하는 의지. 인간은 무엇보다도 살아가는 의미를 추구하고자 한다.
③ 인생의 의미. 개인에게는 독자적인 인생의 의미가 반드시 존재한다.

이 치료의 실천 영역은 다음과 같다.

① 의미를 지향한 대화를 통한 실존신경증의 치료와 실존적 공허감의 극복을 위한 치료
② 독자적인 기법을 사용한 심인성 신경증의 치료
③ 불치의 병을 갖는 환자에 대한 정신적 원조 등 적용 범위의 폭이 넓음

이렇듯 로고테라피는 '자기'의 실현이 아니라 인간적 인간(인간 본래의 모습) 속에서 '의미'의 실현을 위한 고차의 정신적 차원noetic dimension을 돕는 데 의미를 두고 있다.

예컨대, '당신은 무엇을 하고 싶습니까?' '당신의 진정한 희망은 무엇입니까?'와 같이 하고 싶은 욕구・목표・소망을 물어 이를 명확히 의식화시키는 것은 통상적인 자기실현을 촉구하는 물음이다. 그러나 '실존적인 대화'는 그 사람이 '해야 할 일' 추구하고 있는 것'을 묻고 이를 명확히 하도록 의욕을 북돋아 주는 데 있다. 예컨대, 다음과 같다.

- '당신은 자기 인생에서 무엇이 추구되고 있다고 생각합니까?'
- '누군가 당신을 필요로 하고 있는 사람은 없습니까?'
- '무언가 당신이 해야 할 일은 없습니까?'
- '그 누군가나 또는 무언가를 위해서 당신이 할 수 있는 일은 없습니까?'

이와 같은 물음은, 요컨대 프랑클이 말한 '창조가치' '체험가치' '태도가치'를 단서로 내담자가 인생에서 '추구되고 있는 것' '필요하다고 생각되고 있는 것' '할 수 있는 것'을 발견할 수 있도록 도와주는 데 그 의미가 있다.

그 결과 내담자가 '저 사람은 나를 필요로 하고 있다.' '저 사람을 위해서 나는 이런 일을 할 수 있다.' '저 일은 내가 하지 않으면 안 된다.'고 깨닫게 되는 것은 매우 바람직한 일이다. 이렇게 되면 '생명의 작동'이 활성화되어 절망적이었던 사람이 '삶의 의욕'을 되찾게 된다. 또한 '마음의 허무함'도 극복할 수 있게 된다.

3. 고민을 긍정적으로 전환시키라

사람은 저마다 자기만의 마음을 가지고 산다. 그래서 사람은 자기가 자기 자신이 되는 '개성화individuation'와 '마음의 현실성psychic reality'이 중요시된다. 이 마음에 의해서 사랑할 수도 있고 슬퍼할 수도 있고, 즐길 수도 있으며 화낼 수도 있다.

이 점에서 마음은 가장 자기를 자기답게 만들어 주기도 한다. 그러나 이 마음을 어떻게 쓰느냐에 따라서 환희의 극에 달할 수도 있고 슬픔의 구렁 속에 떨어지기도 한다. 때로는 신경증이나 우울증이라는 심리적 장애에 시달리는 경우도 생긴다.

이런 점에서 사람은 자기 마음을 어떻게 다스리며 관리하느냐에 따라서 행복한 길을 갈 수도 있고 불행한 비탈길로 굴러떨어지고 마는 일도 생긴다. 마음이란 이토록 소중하다.

고대 그리스 시대의 철학자 플라톤은 인간의 마음을 '지·정·의'라는 범주로 이해하였다. 그것은 인간이란 머리로 사고하고 판단하는 특징이 있고 어떤 이상을 설정하여 그 이상 실현을 위하여 지적인 조작을 하기도 하지만, 희열·증오·질투·혐오 등 주관적인 내적 경험과 더불어 표출되는 행동적·운동적 반응 등 정서적 기능을 가졌으며, 이들 두 기능으로부터 도출된 결론을 실천으로 옮기는 '의지'가 마음속에 있다고 보았기 때문이었다.

사람들의 고민이나 불안도 지·정·의 평형 상태가 깨졌을 때 생긴다. 그러나 마음의 관리를 균형 있게 잘함으로써 고민을 생산적인 방향으로 전환시켜 이를 의미 있는 것으로 변화시킬 수도 있다. 그러기 위해서 고민이라는 마음의 불균형 상태를 평형 상태로 회복시키는 노력이 필요하다. 이를 위해 사람들 가운데는 정신적 수행을 통해서 지·정·의의 마음의 통합을 이룬 사람이 많다.

사람은 심신의 유기체이기 때문에 생리학적인 평형 상태도 필요하지만 심리학적인 평형 상태도 필요하다. 땀을 많이 흘리고 나면 물을 필요로 하는 갈증이 생기는 것은 부족한 수분을 보충하여 평형화된 정상 상태normality를 유지하는 생물학적인 본능 때문이다.

이 원리는 심리학적인 영역에서도 동일하다. 다만, 정상 상태로 돌리는 과정이 복잡할 뿐이다. 카논Walter B Cannon은 이를 '호메오스타시스homeostasis(항상성)'라는 이론으로 설명하였으며, 이는 상담·심리치료에 도움을 주었다.

그러나 보다 바람직한 것은 호메오스타시스를 발전적으로 변화시켜 가는 새로운 항상 상태인 해테로스타시스heterostasis(hetero는 평소보다 다른 것, 같지 아니함의 뜻이며, stasis는 안정 상태의 뜻)

라고 볼 수 있다. 이 이론은 가족치료법에서도 많이 이용되기도
한다.

  인간의 본성을 '권력의지'로 본 독일의 철학자 니체Friedrich
Wilhelm Nietzsche(1844~1900)는 인간의 '허무nihil'를 '나약함'의 뜻으
로 보는 수동적(소극적) 허무주의에 대해서 '힘의 의지'와 '초인'
의 사상을 보여 주는 능동적(적극적) 허무주의를 의미 있게 보았
다. 그러기에 그는 인간적 주체성의 우위를 고발하고, 능동적 허
무주의를 통해서 인간의 '진실'을 추구하였다. 단순히 감정에 빠
져 있는 유약한 상태가 아니라 부정으로부터 긍정을 지향하는
적극적인 마음의 전환을 가치 있는 삶의 태도로 보았다. 요컨대,
인식의 개척자로서 인간을 보다 심층적으로 직시하여 진실을 알
아냄으로써 인간의 진정한 모습을 인식하려고 했던 것이 니체의
삶의 자세였던 것이다.
  이와 같은 삶의 자세는 요즘 같은 물질적 풍요, 선택 대상의 폭
주, 가치관의 다양화, 노동의 대체(자동화)와 불확실한 미래를 예
견해 주는 인공지능의 혜택 속에서 살아가는 현대인에게는 절실
히 요구된다.
  인간은 아무리 지적으로 발달하고 있다 해도 정서적 기능, 의
지적·신체적 기능이 유약해지면 '마음의 퇴행 현상'이 생기게
된다. 이로 인해 '성인 어린이'라는 '퇴행적 진화' 현상이 생기게
된다. 그 결과 마음의 자기조정기능self-regulatory function of psyche의

발달에서 우려되는 점도 생기게 된다.

이런 어린이화 현상은 물질문명의 번영에 반비례해서 점점 강화되어 가는 경향을 보이고 있다. 사람이 너무 편리한 생활을 하게 되면 그 반면에 여러 가지 '퇴행 현상'이 따른다는 것을 명심하지 않으면 안 된다. 이 경우에 제일 문제가 되는 것은 인간적인 심리적 거리를 유지하지 못한다는 점이다. 예컨대, 부모 자식 간의 심리적 거리, 사랑하는 사람과의 심리적 거리, 윗사람과의 심리적 거리, 친구와의 심리적 거리, 이웃 사람과의 심리적 거리 등이다. 인간은 각자의 심리적 거리를 잘 조정함으로써 비로소 원만한 인간적인 관계를 만들어 갈 수 있다.

이미 우리는 전자산업의 발달로 정보통신수단에 의해서만 접점을 가질 수밖에 없게 되어 대면적인 인간 대 인간의 연대감도 사라져 가고 있다. 그 결과 인간의 무감정화가 진행되어 감에 따라서 인간미가 있는 심리적 거리가 점점 소외되어 가고 있다. 이로 인하여 자폐증세와 분열병증세의 가능성도 높아 가고 있다. 인간의 정신 기능이란 지·정·의의 기능이 각각 독립되어 있는 것은 아니다. 지적인 사고 속에도 정의적인 영향이 미쳐 있고, 정의적 생활 속에도 지적인 행위가 다양한 형태로 나타나게 된다.

그러나 정신 기능이 분산되어 있는 사람은 자신의 불안이나 고민을 내면으로부터 견뎌 낼 수가 없는 사람이다. 그래서 부정을 긍정으로 전환시킬 수도 없고 의존적이며 퇴행적이다. 사람이 진실되게 살기 위해서는 불안이나 고뇌로부터의 '마음의 통합'을 이루어 낼 때 인간의 '진실'이 무엇인가를 깨달을 수가 있다. 세상 사람들이 우러러보는 '성현聖賢'이란 정신 기능을 보다 풍요롭고 아름답게 통합시키기 위해 자아를 초월해 스스로 고행을 선택했고 험한 가시밭길을 두려워하지 않고 간 사람이다.

4. 자신의 본성을 존중하라

칼 힐티Karl Hilty(1833~1909)[2]의 『행복론Glück』을 읽게 되면, 영국 선교사로서 초인적인 활동가의 한 사람이었던 데이비드 리빙스톤David Livingstone(1813~1873)[3]이 남긴 "하느님을 위해 일할 때 이마에 흘리는 땀은 신경강장제와 같다."라는 말이 있다. 사람들 가운데는 세상에 태어나서 열심히 일을 함으로써 더욱 정력적인 사람이 되는 사람과 무기력하고 우울 상태에 빠져 있는

---

2) 스위스 베른대학교 헌법학 교수, 철학자, 국회의원, 군사사법장관, 헤이그 국제재판소 재판관, 프로테스탄트의 관점에서 종교적 경건과 도덕적 자유주의 사상에 문학적 표현을 사용한 『행복론 3권Glück Bde. 3』이라는 인생에 희망과 위안을 주는 책(1891~1899)을 집필하였다.
3) 영국(스코틀랜드)의 선교사, 아프리카 탐험가, 런던 전도협회의 의료 전도사로서 아프리카로 갔다(1840). 아프리카 횡단 여행의 달성, 잠베지Zambezi강, 빅토리아 폭포 The Victorial Falls, 무웰Mweru 호수, 방웨울루Bangweulu 호수 등을 발견하였다. 아프리카 중동부에 있는 옛 영국령 탕가니카Tanganyika(1964년 잔지바르Zanzibar와 합병, 탄자니아Tanzania가 됨) 호수 북부 지역을 여행하던 중 적리에 걸려(1873) 치탄보 Chitanbo의 촌락에서 운명하였다. 그의 유해는 웨스트민스터성당Westminster Abbey에 모셔져 있다.

사람처럼 삶의 에너지를 의미 없이 소모해 버리는 사람이 있다. 이들은 어떤 점이 다를까?

그것은 자신의 본성에 따라서 자기실현을 하고 있는 사람과 자신을 속여 무리하게 노력하는 사람의 차이이다. 우울 상황에 빠져 있는 사람의 삶은 후자에 속한다. 전자는 하는 일이 본성에 맞기 때문에 갈수록 더욱 의욕이 생겨 활동적인 사람이며 심리적으로 성장한 사람이다. 요컨대, '자기실현형'의 사람이다. 즉, '삶의 의미를 추구하고 가치 실현을 위해 흘리는 이마의 땀은 삶의 에너지이며 신경강장제와 같다.'라는 말에 해당하는 사람이다.

이런 사람은 주위 사람으로부터 칭찬받고 표창받기 위하여, 요컨대 어떤 대가를 바라고 땀 흘리지는 않는다. 그리고 자신에 대한 부질없는 집착을 하지도 않는다. 이 점이 강점이다. 특히 지향점이 '자기초월적 가치'에 있기 때문에 스트레스도 그만큼 적다. 또한 자기가 할 수 있는 일에 최선을 다하기 때문에 열정적이며 지속적이어서 후회하지 않는다. 그러나 우울증을 가진 사람은 자기 본성에 맞지 않는 노력을 하기 때문에 하면 할수록 소모적이어서 활동의 에너지를 잃게 된다.

독일 태생의 여류 정신치료가 프롬 라이히만Frieda Fromm-Reichmann[4](1889~1957)은 신경증의 한 증상으로서 '신경증적 비

---

4) 제1차 대전 중 골드슈타인Kurt Goldstein(1878~1965)을 도와 뇌장해 병사의 치료를 통해 카타스트로피 반응을 알게 되었다. 전후에는 '자율훈련'으로 알려진 슐츠 Johanes H. Schultz 밑에서 치료에 종사하였으나 프로이트S. Freud의 이론에 접하

이기주의'에 대하여 말하기를, 이런 사람에게는 정감이 부족하며, 무엇을 할 때나 되돌아보기를 좋아한다고 말한다. 이 점에 관련된 증상으로는, 예컨대 억울·피로·무능력·애정관계의 실패 등을 들고 있다. 신경증적 비이기주의자는 이와 같은 증상에 대해서 고민한다는 것을 프롬 라이히만은 말하였다.

이런 증상들은 무슨 일이나 무리를 해 가면서 하려고 한 나머지 나타나는 증상이다. 때문에 이런 증상을 보이는 사람은 공격적이며 증오감으로 차 있다. 신경증적 비이기주의자는 어찌하여 사는 것에 이토록 지치는 것일까? 그것은 자신은 튤립인데 민들레꽃이 피게 하려고 하기 때문이라고 말한다. 때문에 자신은 노력하고 있는데 아무리 시간이 지나도 꽃은 피지 못하게 된다. 요컨대, 자신의 본성을 모르고 노력하는 것은 맹목적이며 어리석은 생활 태도이다.

남들은 제각기 자신의 꽃을 피우고 있다. 그리고 자신의 목적을 가지고 인생의 여정에 오르고 있다. 그렇지만 자기 본성을 무시하고 분수에 적합한 삶을 살지 못한 사람은 언제나 제자리에

여 방향을 바꿔 정신분석적 치료법을 습득하였다. 그 후 프롬Erich Fromm과 남서독일정신분석연구소를 설립하였다. 1935년 히틀러 정권을 피하여 미국으로 귀화, 이후 22년간 '체스낫드 롯지'에서 주로 분열병 치료를 해 왔다. 그동안 설리반Harry S. Sullivan(1892~1949)과의 친밀한 교류를 통해 분열병 환자에 대한 이해를 심화시킴으로써 거의 예술적인 정신치료가로서 대성하였다. 특히 인생 초기의 대인관계를 중시하는 정신분석적 치료법의 입장을 보이지만 정신병자에게 아직도 남아 있는 대인적 접촉에 대한 희망을 역전이를 단서로 받아들이는 태도에 특징이 있다. 에리히 프롬Erich Fromm의 처였으나 이혼하였다.

머물러 있게 된다. 이런 사람은 시간이 갈수록 인생의 낙수落穗를 줍는 낙오자가 되고 말 것이다.

5. 자기 인생의 책임은 자신에게 있다

일찍이 『불안의 의미*The Meaning of Anxiety*』(1950)의 저자이며 미국 실존주의적 심리치료의 선구자였던 롤로 메이*Rollo May* (1909~1994)는 『잃어버린 자아를 찾아서*Man's Search for Himself*』 (1953)[5]에서 현대인의 만성적인 '병malady'의 뿌리는 현대사회의 '중심적 가치'의 상실, '소통 용어'의 상실, 인간이 자연과 연결되었다는 '공감'의 상실, 삶의 비극에 대한 '감수성'의 상실, 인간 존재로서의 '가치감'이나 '존엄성'(자아감)의 상실을 지적하였다.

이 가운데서 '자아감의 상실'은 인간 존재로서의 '가치감'이나 '존엄성'의 상실을 말한다. 니체는 이를 예언이라도 한 것처럼 개인은 군중 속에 말려들어가 '노예 도덕'에 의존해서 살고 있음을 지적했다. 지난 20세기 과학의 급속한 발달은 겉으로는 인류의 위력이 커져서 자랑스럽게 보였지만, 기실은 그 반대여서 사람들의 관심의 초점은 '기계장치gadget'였으며, 인간성 그 자체는 아니었다. 앞으로 갈수록 더할 것으로 보인다.

---

5) R. May, *Man's search for Himself*, W. W. & Norton, 1953, pp. 28-36.

그 결과 인격의 존엄보다는 불신감만이 표면화되고 '개인'이란 하찮은 존재로밖에 보이지 않았다. 이른바 기계적인 자아관 때문에 자기 자신을 알고 자기 자신으로 존재하기보다는 보다 잘 '적응'하는 인간, '평균적 현대인'만이 돋보이게 되었다.

더욱이 3차 산업혁명을 기반으로 비디오, 디지털, 물리 등의 경계가 수렴되는 융합기술혁명이라는 4차 산업혁명에 진입한 현대에 와서는 개인의 존엄성이나 자기동일성self identity은 갈수록 경시될 우려도 없지 않다.

심지어는 인공지능이 인류를 위협할 수준이 되려면 넘어야 할 기술적 장벽이 아직 높다고 보면서도, 유럽을 중심으로 윤리의식을 코드화해야 한다는 논의까지도 제기되고 있다.

자기 자신을 알고 자신의 '덕德'에 확신을 가진 사람은 자기 인생은 자기의 책임이라고 생각한다. 때문에 남에게 의존하지도 않으며 자만하지도 않는다. 이런 사람은 불필요한 사람과는 경쟁하지도 않으며 자신에게 의미가 있고 경쟁에 이겨서 자기 인생에 보탬이 될 때만 페어플레이하게 된다.

때문에 이런 사람은 '친구가 승용차를 샀기 때문에 나도 사고 싶다.'고 생각하지도 않으며 '저 사람이 아직 승용차를 갖고 있지 않기 때문에 내가 먼저 사야겠다.'라는 허황되고 무의미한 생각도 하지 않는다.

이런 사람에게는 자신에 대한 독자성이나 주체성 같은 '정체감

sense of identity'이 있어서 이것이 정신적·도덕적 태도를 통해서 나타나게 된다. 이런 태도가 주체적으로 발현될 때 자기 자신으로 보다 심도 있고, 생동감 있는 내면으로부터의 소리를 듣게 된다.

우리는 자연 우주로부터 배울 수 있는 것이 너무도 많다. 소나무의 가지가 떡갈나무의 가지와 맞서지 않고 저마다의 가지가 대립을 피해 가며 특성을 펼쳐 가는 것을 보게 된다. 큰 나무는 작은 관목이나 잡초에 햇빛이 직사되지 않도록 반그늘을 만들어 잘 자라게 하고, 관목이나 잡초는 큰 나무의 표토를 덮어서 수분이 오래 가도록 큰 나무를 지키고 있는 모습에서 우주 생명 본래의 역할을 보여 주고 있다.

이와 같은 우주 생명체의 지혜를 우리의 마음속에 실현시키는 '인간성'을 갖도록 노력한다면 이 또한 인생을 진실되게 살아갈 수가 있을 것이다. 이러한 인간성을 불가에서는 동양적 지혜의 하나인 '만다라mandala(산스크리트mandala 티베트어quikol)'6)의 지혜라고 한다.

이 만다라는 일반적으로 원圓과 사각四角을 조합시킨 사방에 문

---

6) 만다라는 산스크리트의 음역이며 '만다manda'는 마음의 '진수' 또는 '본질'을 뜻하는 어근과 '라la'라는 '소유' 또는 '성취'를 뜻하는 접미사의 합성어이다. 그 뜻은 최고의 깨달음bodhi의 경지를 나타내는 불교 용어로서, 우주 생명의 근본 활동을 오지(五智)의 순환으로 설명한다. 즉, 법계체성지(法界体性智)를 근본 삼아 네 가지 특성을 갖는 지혜 1. 대원경지(大圓鏡智) → 2. 평등성지(平等性智) → 3. 묘관찰지(妙觀察智) → 4. 성소작지(成所作智)로서 순환하게 된다.

이 있는 중심을 갖는 도형으로 표현하는 경우가 많다. 융Carl G. Jung도 만다라를 마음의 표현, 특히 '자기(의식의 중심인 자아와 무의식까지도 표괄하는 전체의 중심)'의 표현으로 보았으며 이 도형이 자신과 환자들의 꿈이나 환상에 나타나는 것을 알고, 만다라를 초월적 자기의 상징적 이미지로 보아 치유력을 갖는다고 생각하였다. 이렇듯 사람은 본래의 자질에 맞는 생활을 하게 되면 남을 모방하지 않고 대립을 피하면서도 개성 있는 사람으로서 살아갈 수 있다고 보았다.

화가는 자기만의 개성이 있는 그림을 그릴 때, 가수는 자기 특유의 개성 있는 창법으로 노래를 부를 때 명성을 얻게 되며, '이것이 참다운 나이다This is the real me.'라고 말할 수 있다.

'자기 인생은 자신의 책임'이라고 생각하지 않는 사람은 부화뇌동하기 쉬워서, 남의 말에 민감할 뿐만 아니라 쉽게 그 말에 말려들고 만다. 이렇듯 사람이 자기 인생에 책임을 못 느끼게 되면 세상 사람들의 마음에 들고자 하기 때문에 정신적으로 몹시 피곤하게 된다. 그러나 화이부동和而不同한 사람은 원만한 인간관계를 유지하면서도 맹목적으로 살아가지는 않는다.

이렇듯 자기책임의식이 강한 사람은 매사에 자기 가 주체가 되어 세상일을 판단하고 행동하게 된다. 이런 사람은 아무리 큰 문제라 할지라도 작은 일처럼 자신을 가지고 대하며 작은 일도 큰 일처럼 소홀히 하지 않는다. 이런 사람은 설혹 일에 실패했다 해도 내 탓으로 돌리기 때문에 남의 탓으로 돌리는 사람에 비해서 사고도 유연해서 확산적이어서 문제해결을 위한 지혜도 쉽게 솟는다.

그것은 문제해결을 여러 각도에서 생각하기 때문이다. 이른바 여러 가능성에 대한 답을 생각해 내어 그 가운데서 최선의 답을 끌어내는 '확산적 사고divergent thinking'가 가능하기 때문이다. 그러나 상황에 따라서는 문제 자체에 대한 관습적인 의미를 재정의redefinition하는 수렴적 사고convergent thinking도 가능하다.

이와는 달리 남에게 의존하기를 좋아하는 사람은 자신도 모르게 상대의 뜻에 맞추고자 하는 버릇 때문에 '나'라는 의식이 불확실해진다.

무슨 일에서나 무리를 하게 되면 자신에게는 합당하지 않기 때문에 심신이 너무도 소모되어 지치게 된다. 성격에 따라서는 지나칠 정도로 발분한 나머지 이 상태가 지나쳐서 울병이 될 때까지 버티는 사람도 있다. 왜 이 상태에까지 이르게 되는 것일까?

아마 이런 사람의 마음속에서는 주위 사람들이 자기를 행복하게 해 줄 것을 기대하고 있기 때문일지도 모른다. 그러나 '자기 인생은 자기 책임'이라고 각오했을 때는 그런 의존적인 생각은 없어지게 될 것이다.

만약 인간에게 '자유'만 있고 '책임'의 문제가 없다면 질서 · 행복 · 도덕은 존재할 수 없을 것이다. '책임responsibility'이란 그 어원이 시사하고 있는 바와도 같이 이 말은 라틴어 무언가에 '응답한다respondeo'에서 나왔다. 로마 시대에는 법정에서 스스로 자기 행위를 '변명'한다는 것을 의미하였다. 중세기에는 그리스도교의 최고 심판자인 신의 사상이 가미되어 책임이란 신 앞에서의 책임이라는 성격이 깊어졌다. 근세 이후에는 인간의 주체성이 강조되었고, '신에 의한 죽음'이 선고된 현대에 와서는 책임 개념도 가치와 인격 실현의 기초 조건으로서 그 성격이 달라지게 되었다.

우리가 '응답'으로서의 책임을 생각할 경우, 문제가 되는 것은 '누가' '무엇에 대하여' '무엇 앞에서'의 책임이냐를 생각해 보지 않을 수가 없다.

① '누구'란 책임을 질 주체를 말하며, 이 주체의 조건으로서는 '자유'라는 것이 전제가 된다. 그것은 자유로운 의사결정에 의한 행위가 아니면 책임을 물을 수가 없기 때문이다. 요컨대, 스스로의 행위가 어떤 결과를 가져올 것인지를 변별하는 능력, 즉 자유의사에 의거한 행위를 그 행위자의 책임으로 결부시키는 '귀책 능력'도 책임 주체에게는 불가결한 조건이다.

② '~에 대하여'에 있어서 통상적으로 문제가 되는 것은 행한 행위가 가져다준 결과나 했어야 할 일이 있는데 하지 않았던 행위이다. 막스 베버Max Weber(1864~1920)가 그의 『직업으로서의 정치Politik als Beruf』(1919)에서 '심정윤리'와 대비시

켜서 주장한 '책임윤리'도 이 점에 관한 것이었다.

③ '~앞에서'가 문제가 되는 것은, 예컨대 신 앞에서의 '종교적 책임', 사회 앞에서의 '사회적 책임', 법 앞에서의 '법적 책임', 양심 앞에서의 '도덕적 책임', 자기 앞에서의 '자기 책임' 등 책임 주체가 짊어져야 할 책임인 것이다.

그렇지만 책임이 성립되려면 기초 조건으로서 '가치'와 '인격의 동일성'이 전제되지 않으면 안 된다. 우리가 어떤 한 행위의 책임을 물을 경우에는 그 행위의 가치는 이미 판정이 되어 있어서, 이 판정이 책임을 묻는 자와 물음을 당하는 자에 의해서 인정되어 있지 않으면 안 된다. 그리고 행위자의 인격의 동일성이 확보되어 있지 않으면 행위자의 책임을 묻는 것 자체가 불가능해지게 된다.

만약 가치의 객관성도 인격의 동일성도 강력하게 주장할 수가 없게 되면 책임 개념 그 자체는 무너지게 될 것이다. 자신에 성실하게 사는 사람, 자기 인생을 자기가 책임지는 사람이란 가치에 대한 객관적인 믿음도 확고하지만 언제나 변함없는 인격의 동일성을 가진 사람이다.

그러나 가치 및 인격 그리고 책임에 대한 발상을 근본적으로 바꾸지 않으면 안 되는 경우도 있을 수 있다. 예컨대, 자신이 태어나기 이전에 치렀던 전쟁에 대한 책임, 생태환경을 둘러싼 현재 개인의 행위가 미래에 가져올 결과에 대한 책임, 개인적 주체로서가 아니라 인류 세계의 한 사람으로서의 (자유에 대한) 책임, 역사 앞에서의 책임, 미래 앞에서의 책임 등은 '자유의지'에 의한 책임을 지는 태도로서 이는 보다 차원 높은 책임윤리라고 볼 수 있다.

6. 실패를 의미 있는 실패로 만들라

의미 있는 실패란 내가 진실되게 살아가는 과정의 한 부분이며 의미 있는 삶의 한 과정이다. 사람이 인생을 살아가면서 실패한 번 겪지 않은 사람은 없을 것이다. 어차피 치러야 할 실패라면, 우리에게는 '가능성 사고'라는 것이 있기 때문에 절망하거나 비관하지 않고 사고를 전환시켜 실패를 긍정적으로 받아들여 이를 재정의하여 새로운 의미를 발견하는 용기가 필요하다.

인류를 위해 기여한 수많은 과학적 연구의 결실도 의미 있는 시행착오를 통해서 이루어졌다. 한때 신소재 연구의 세계적 메카로 지칭되었던 트랜지스터의 원산지 미국의 '벨연구소'에는 실패한 신소재 합성 실험들을 기록한 연구 자료가 그대로 보존되어 있다고 한다. 이는 지속적인 '의미 있는 실패'라는 '경험의 재구성' 과정이 있었기에 성공이 가능했다고 보았기 때문이다.

이런 사회의 정신적 풍토는 실패를 인정하는 사회로서 실패한 실험 노트를 완성된 연구 논문보다 더 소중하게 생각하는 사회이다. 참으로 희망과 용기를 주는 사회이다.

'용기'란 흔히 '만용'과 혼동되기도 한다. 사리를 분간하지 못하고 함부로 날뛰며 부화뇌동하는 용맹성이나 열등감의 역표현인 우월 콤플렉스처럼 잘난 척하고 뽐내며 방자하고 교만하게 구는 것은 참된 의미의 용기가 될 수 없으며, 이는 거만이며 만용이다. 용기란 '자기신뢰'의 구체적 표현이며 자신의 능력을 굳게 믿는 데에서부터 나온다.

이 신뢰가 용기에 에너지를 주며, 용기는 희망을 키워 주고, 희망이 신념을 갖게 하고, 신념이 의미있는 행위를 낳게 된다. 이 용기란 또한 본질적으로는 책임감이나 소속감과도 관계가 있다. 왜냐하면 용기란 나의 인생이 나를 위해서 준비하고 있을지도 모를 어떤 사태에 대해서도 대처할 수 있는 능력이 있다는 확신을 반영하기 때문이다. 이 점에서 누구나 용기를 가졌다면 적절한 판단을 내릴 수가 있으며 효과적인 결과를 가져오게 할 수 있을 것이다.

용기가 있는 사람이란 신체적인 강인성, 지적인 활력, 정의情意적 · 감정적인 지구력, 창조적인 이미지의 활력을 충분히 발휘할 수 있다. 이런 사람은, ① 난관을 극복하기 위하여 노력할 수 있는 사람이며, ② 난관을 책임지고 떠맡을 수 있는 사람이며, ③ 공동 목표 달성을 위해 '협력'하는 능력을 가진 사람이다. 그리고 다음과 같은 성격 특성을 가졌다.

- 자기가 자기편이 된다.
- 자신의 노력을 확신한다.

- 위험을 피하지 않는다.
- 독립심이 강하다.
- 자신의 단점을 장점으로 발상을 전환시킬 수 있다.
- 자신의 감정을 억제할 수 있다.
- 실패의 원인을 내 탓으로 돌린다.
- 미래지향적이다.
- 차이를 인정한다.
- 협력적이다.

이런 사람은 꿈보다 해몽을 잘할 수 있는 사람이며 사고의 전환이 탄력적이어서 자신의 단점을 장점으로 변환시킬 수 있다. 요컨대, 자신의 실패(사실)에 대한 '의미 부여'를 희망적이며 긍정적인 의미로 쉽게 전환시킬 수 있다. 이른바 리프레이밍 reframing이 쉽게 가능하다는 것이다. 다시 말해서 부정적이었던 사실에 대한 '의식 내용을 긍정적 의미로 재구성'할 수 있다는 것이다. 이와 같은 개입介入을 감정의 교환trade feeling, 방법의 전환 a change strategy, 재정의redefining라고 말하는 사람도 있다.

이렇듯 힘든 역경에 대한 의미 부여를 미래지향적이며 희망지향적인 의미로 전환한다는 것은 실패를 의미 있는 실패로 만드는 사람의 기본적인 자세이다.

다음은 이와 같은 리프레이밍의 관점에서 실패에 대한 의미를 재정의했을 때 생각해 볼 수 있는 의식 내용을 정리해 본 것이다.

① 나의 실패는 내가 아무것도 달성하지 않았다는 것이 아니라 무언가를 배웠다는 것을 의미한다.

② 나의 실패는 내가 어리석은 사람이었다는 것을 의미하는 것이 아니라 내게 부족한 도전의 정신을 체험시키는 데 있다는 것을 의미한다.

③ 나의 실패는 내가 무능하다는 것을 뜻하는 것이 아니라 좀 더 시간이 필요하다는 것을 의미한다.

④ 나의 실패는 내가 무모했던 것이 아니라 문제해결 학습의 과정에서 일시적인 시행착오에 지나지 않다는 것을 의미한다.

⑤ 나의 실패는 능력이 없다는 뜻이 아니라, 이 분야에서는 내가 아직 초심자였다는 것을 의미한다.

⑥ 나의 실패는 인생을 낭비했다는 뜻이 아니라 다시 출발할 수 있는 기회가 왔다는 것을 의미한다.

⑦ 나의 실패는 신이 나를 버렸다는 뜻이 아니라 신이 내게 좀 더 큰 힘을 주기 위한 생각을 가지고 있다는 것을 의미한다.

⑧ 나의 실패는 게으름의 증거가 아니라 과도적인 노력의 산물임을 의미한다.

⑨ 나의 실패는 단념해야 한다는 것을 뜻하는 것이 아니라 좌절하지 않고 더욱 노력할 것을 의미한다.

⑩ 나의 실패는 게으름의 증거가 아니라 과도적인 노력의 산물임을 의미한다.

⑪ 나의 실패는 인생의 실패를 의미하는 것이 아니라 단지 방법의 선택을 잘못했음을 의미한다.

그러나 용기란 실패를 극복하는 경우에만 의미가 있는 것은 아니다. 『중용中庸』에서 사람이 마땅히 사람으로서 행해야 할 세 가지 덕(삼달덕三達德)을 지智·인仁·용勇으로 보아 지智에 의한 지知와 '인'에 의한 실행으로서의 결단성·강의성剛毅性·적극성도 '용기'에 있다고 본 것도, 사람이 사람된 소이所以를 알고 그 도리를 다 하기 위해서는 용기란 항상 마음속에 정신적인 기개氣槪로써 내재하고 있다는 것을 말해 주고 있다.

그렇지만 용기란 홀로 기능할 수 있는 것이 아니며 의지意志의 도움을 받기 마련이다. 왜냐하면 의지란 단순한 충동이나 본능적인 욕망과는 달라서 동기에 의거하면서 동기에 대해 자각적인 태도를 갖고 어떤 행위를 하고자 결단하는 선택적인 능력이기 때문이다.

더욱이 의지가 자연 필연성의 얽매임에서 벗어나 자유의지에 의해서 사람의 사람된 도리에 합당한 선택적 행위를 할 수 있는 결의성決意性도 용기라는 올곧은 정신적인 기개氣槪의 도움을 받게 된다는 것을 생각해 보자. 이 점은 의지와 용기의 관계를 잘 설명해 주고 있다. 부정과 싸우고 정의구현을 위한 용기도 그럴 수 있는 자유로운 정신적 의지가 따랐기 때문에 가능하다.

본질적 자기탐색과 상황적 자기탐색

1. 자기탐색에는 두 가지 유형이 있다

▌본질적인 자기탐색

자기탐색에 관해 생각할 때는 먼저 두 종류의 '자기탐색'의 길이 있다는 것을 알고 이해할 필요가 있다.

그 하나는 '본질적인 자기탐색'이다.

사람들 가운데는 매일같이 이렇다 할 특별한 이유가 없는데도 초조하고 짜증을 내는 사람이 있다. 그래서 사는 것이 힘들고 고통스럽다고 한다. 경제적인 면에서 생각해 보아도 그럴 만한 이유가 없는데도 왠지 허전하고 마음이 놓이지를 않는다고 한다.

그런가 하면 친구들과 사이가 틀어졌거나 사랑하는 사람과 헤어진 것도 아니다. 부모가 돌아가신 것도 아니다. 그런데도 어떻게 된 일인지 자신도 모르게 불안하고 무엇을 잃은 듯 공허한 느낌이 든다. 때문에 '자기가 살아 있다.'는 현실감각이 없는 것이다. 그래서 내가 낯선 이방인처럼 느껴지게 된다. 그런가 하면 밤에 꿈을 꾸고 나서도 놀란다. 예컨대, 평소에 호감을 가지고 있던 사람을 살해하려고 한 꿈이나 별 관심도 없는 것에 빠져 있는 꿈을 꾸게 된다는 것이다. 그래서 이런 엉뚱한 꿈이 마음을 힘들게 한다.

언제나 남을 위해서 노력하고 있다고 생각하는데 왜 사람들이 나를 꺼리며 피하게 되는지 모르겠다. 어린이를 위해서도 열심히 살았는데도 어린이와의 관계도 원만하게 되지를 않는다. 이렇듯 주위 사람들을 위해 마음을 쓰고 있는데도 왠지 고립되어 가는 것을 느낀다고 한다.

회사에서는 마음이 약해서 무엇 하나 제대로 주장도 못하는 사람이 집에서는 폭군이 되는 사람도 있다. 그런가 하면 원인도 분명치 않은데 왠지 특정인에게 화가 나는 경우도 있다.

이렇듯 자신조차도 자기 감정을 설명을 못한다. 이런 사람은 어려서부터 부모나 주위 사람들로부터 잘못된 '자기 이미지'가 심어져서 '진정한 자기'를 알 수 없게 자란 사람이다.

요컨대, 주위 사람들로부터 잘못된 평가적인 태도나 굴절된 자기상(면경적 자기looking glass self)이 심어진 사람이다. 즉, 자기 이미지를 그릇되게 인지하고 있는 사람이다. 예컨대, 만성화된 열등감을 가진 사람, 일에 자신이 없고 능숙하지 못해서 보상 심리에 사로잡힌 사람, 그 결과 신경증적인 사람, 정열이 지나쳐서 지쳐 있는 사람 등이다. 이런 사람이 하는 '자기탐색'은 본질적인 '자기탐색'이다.

본질적인 '자기탐색' 해결의 핵심은 '어떤 일이 있더라도 인정하고 싶지 않은 것이 무엇인가?'를 명확히 하는 일이다. 마음에도 없는데 아버지가 좋아하는 직종을 선택하여 몸에 맞지 않는 옷을 입고 다니는 것은 아버지로 살고 있는 것이기 때문에 얼마나 고통스러운 일이겠는가. 세계적인 백만장자가 되었다 할지라도 '아버지의 망령으로서 살아온 사람이다.'라고 말하고 싶을 정도의 사람도 있다.

외압이나 유혹이 아무리 크다 하여도 본질적인 자기 속성에 부합되는 것이 아니면, 이를 뿌리칠 줄 알아야 한다. 본질적인 자기탐색에 있어서 중요한 것은 '나는 ……이다. 나는 ……아니다.'라는 자신에 대한 신념과 정의이다.

▌상황적인 자기탐색

또 하나의 '자기탐색'은 '상황적인 자기탐색'이다. 사람은 싫든 좋든 적극적이거나 피동적이거나 '사고思考 발단의 장'인 상황 situation이라는 생활의 장場 속에서 생활을 하게 된다. 이 점에서 한 개인의 시추에이션은 생활의 생존의 장이며, 전체적인 역동적 경험의 장이자 사고발단의 장이다. 결코 물리적 공간과 같은 것은 아니다.

때문에 자신이 선택한 지금의 직업(생활)이 자신에게 부합하는지의 여부를 검토함으로써 지금의 상황적인 자기를 발견하게 된다. 예컨대, 자영업을 했더라면 능력을 발휘할 수 있었을 텐데

건축가가 되어서 이렇게 고생하고 있다. 정치가였더라면 편안한 인생을 보낼 수 있었을 텐데 학자가 되어 버렸다고 생각했다고 하자. 이런 사람은 아무리 노력하고 노력해도 노력의 대가는 얻지 못한다. 오히려 고통스럽기만 할 뿐이다.

사람들 가운데는 자기탐색을 통해서 '참다운 나'를 만나기만 하면 모든 문제는 해결되고 사는 것이 좋아질 것으로 착각하는 사람도 있다. 자기탐색은 인생의 마법의 지팡이와 같은 것은 아니다. 혹자의 경우 '자기탐색'이라고 말만 요란을 피울 뿐 자기 인생에 자신을 갖지 못한 사람도 있다. 이런 사람들의 증상을 '자기탐색 증후군'이라고 말할 수가 있다.

'자기탐색 증후군'의 심리는 신기루를 좇는 불안과 초조뿐이다. '본질적 자기탐색'의 심리가 불안이라면 '상황적 자기탐색'의 심리는 초조이다. 어느 쪽이나 나로부터 멀리 떠나가 있는 사람이다.

2. 본질적 자기탐색을 하기 위해서

'진정한 자기는 어디에 있는가.'라고 고민하는 사람이 있다. 이는 모성을 체험하지 못한 사람이 전력을 투구해서 어머니다움을 탐색하고 있는 모습과 같다.

길을 잃은 어린이는 울며 엄마를 찾게 된다. 이는 마치 '진정한 나는 어디에 있는가.'라고 고민하고 있는 사람이 심리적으로 길을 잃고 미아가 된 사람과 같다.

　통상적으로는 인생을 살아가는 과정에서 자식을 낳아 키움으로써 자연스럽게 '모성maternity'이라는 것을 알게 되지만 언제까지나 '진정한 나는 어디에 있는가.'라고 고민만 하는 사람은 길을 잃은 어린이가 매일같이 엄마를 찾고 있는 것과 같다. 본질적인 '자기탐색'은 그렇게 쉬운 것은 아니다.

　인간의 정신생활의 의미와 구조를 해명했을 뿐만 아니라 사회문화론에도 지대한 영향을 미친 정신분석가이자 사회심리학자인 에리히 프롬Erich Fromm(1900~1980)은 『환상의 사슬을 넘어서: 막스와 프로이트와 나Beyond the Chains of Illusion: My encounter with Marx and Freud』(1962)에서 "무의식을 자각한다는 것은 완전한 인간성을 얻게 될 뿐만 아니라 사회가 인간 사이에 쌓아 놓은 장벽을 없앤다."라고 말한 바 있다.

　'진정한 나'는 알고 보면 그 사람의 무의식 속에 있다. 만약 사는 것이 힘들다고 해서 기분 좋은 삶만을 찾으면서 이 세상 끝까지 '진정한 나'를 찾아간다 해도 어디에도 '진정한 나'는 찾을 수가 없을 것이다. 자신의 마음속 이외에는 이 세상 어디에도 '진정한 나'는 없다. 무의식 속에 있는 '진정한 나'에 정신이 들어서 이를 인정하고 깨달을 때 비로소 사는 의미와 그 기분을 체험하게 된다.

(1) 자기탐색을 한다는 것

▌ 피하고 싶은 진리로부터 등을 돌리지 않는다

'자기탐색 증후군'의 사람은 기본적으로 억압적인 사고의 특징
이 있는 사람이다. 때문에 웬일인지 특별한 이유도 없이 사는 것
이 괴롭다. 그래서 '자기탐색'이 시작된다.

그러나 이때 '자존심이 상하지 않고 부끄럽지도 않으며 자신
의 기호에 맞는 자기'를 찾으려고 해도 쉽게 찾아지지는 않을 것
이다. 오히려 평소 자기 의식의 어두운 '그늘' 부분을 받아들일
수 있게 됨으로써 비로소 '진정한 나'를 발견하게 된다.

미국의 정신과 의사인 조지 웨인버그George H. Weinberg는 그의
저서 『유연한 동물The Pliant Animal』(1981)[1]에서 '어떤 특정한 진리
를 보고 싶지도 않고 느끼고 싶지도 않은 생각은 모든 신경증에
서 발견할 수 있다.'고 말하였거니와, 여기서 그는 '보고 싶지 않
은 진리를 발견하는 것이 자기탐색'이라고 보았다.

요컨대, '자기탐색'이란 '억압되어 있는 것을 어떻게 의식화하
느냐'를 말한다. 예컨대, 돈을 많이 갖고 싶지만 돈이 없을 경우,
'나는 돈을 많이 갖고 싶다.'는 것을 인정하려고 하지 않을 것이
다. 이런 생각의 배후에는 필시 자기가 경제적인 패배자라는 것
을 인정하고 싶지 않다는 콤플렉스가 도사리고 있을 수 있다.

---

1) G. H. Weinberg, *The Pliant Animal*, St. Martin's Press Inc., New York, 1981.

그래서 '자기는 돈 같은 것은 욕심내지도 않는다.'든가 '돈이란 사람을 추잡스럽게 만든다.'라고 말한다. 그러나 '자기탐색'이란 어쩌면 '실은 자기는 돈을 좋아하고 있을지도 모른다.'라고 반성하며 이를 인정하는 일이기도 하다.

'나는 이것을 좋아한다.'라고 말했다 해도 사실은 좋아하지 않는 경우도 있다. 이 경우는 대체로 그 대상과 심적인 평형을 이루지 못하는 사람이며 우유부단해서 표리가 있는 경우에 그러하다. '자기탐색'이란 이렇듯 자기를 미화시키기 위해 억압된 자기, 가식적인 자기, 위선적인 자기, 어둡고 굴절된 자기 이미지를 솔직하게 받아들이고 이것이 나의 '진면목'임을 인정하는 일이다.

▌남에게 보이기 위한 행위는 언젠가는 그 저의가 드러난다

사람들 가운데는 가식적인 것에 관심이 많아서 남이 나를 어떻게 볼 것인가에 대해서 남달리 민감한 사람이 있다. 일종의 허영심리의 표현이다. 이런 사람은 유행에 민감해서 자신의 내면세계보다도 외면에 신경을 쓰기 때문에 호가호위狐假虎威적인 생각에 젖어 있다. 때문에 남의 권세를 빌려서 위세를 부리는 데서 만족을 얻는다. 이런 사람은 위선과 군림에서 만족하는 사람이다.

때문에 사회적 신분까지도 가식적인 외모로 꾸미고 과시함으로써 만족을 얻는 사람도 있다. 참으로 허무맹랑한 사람이다. 이런 사람은 다분히 자기보신적·자기중심적이며, 또한 꼼꼼하고 완벽주의적인 데도 있다. 때문에 이런 사람은 남 앞에서의 실패도 허용되지 않으며 자기 자신의 진솔한 모습을 남에게 보여 줄 수도 없다. 이와 같은 것들은 '진정한 나'로부터 너무도 동떨어진 모습들이다.

중년의 한 교수는 학자로서의 열등감을 극복하기 위하여 고가의 외제 승용차를 사서 타고 다님으로써 학자로서의 열등감을 달래려고 하였다.

이는 내면적인 자기를 탁마琢磨하려는 학자로서의 양심이 무디어 있는 경우이다. 이 경우에 필요한 것은 '지금 내가 하고 있는 처신은 학자로서의 열등감의 역표현에 지나지 않는다. 이는 학자 본연의 태도가 아니며 현실도피적인 처신에 불과하다.'는 것을 인정하는 일이다. 이는 곧 '자기탐색'의 출발점이 된다.

남에게 보이기 위해 하는 행동은 자기가 좋아서 하기보다는 가식적인 것이기 때문에 본인도 힘들다는 것을 알게 된다. 마음에 들지 않아도 마음에 든다고 해야 하고, 잘못된 것을 잘했다고 말해야 하기 때문에 최후에 가서는 정상적인 심리적 기제가 붕괴되고 만다. 결국은 자기를 기만하게 된다.

사람에게 보여 주기 위한 행위는 주체인 자기가 아니라 제삼자에 의해서 달라지기 때문에 최후에 가서는 참다운 자기 인생의 의미가 무엇인지도 모르고 허송한 것을 후회하게 된다. '자기탐색'이란 지금의 잘못된 자신의 어리석은 모습에서 깨어나 자신의 가식적인 행동들은 열등감이나 허영심으로부터 나온 것임을 받아들이는 일이다.

▌ 배제했던 감정들을 다시 한번 의식으로 돌리다

사람들 가운데는 대인관계에 있어서 '양면감정ambivalence' 때문에 마음의 평형을 잃은 나머지 불행한 사건을 저지르고 마는 경우도 있다. 이는 동일 대상에 대한 애정과 증오의 양면감정처럼 상반하는 태도와 감정의 갈등을 원만하게 조정하지 못한 경우이다.

그렇지만 상대가 마음에 안 들고 싫기는 하지만 그 사람의 또한 면의 장점을 생각할 때 나의 단점을 보완해 줄 수 있다는 점을 생각함으로써 상대의 싫은 감정을 의식으로부터 배제할 수도 있다. '자기탐색'이란 이렇듯 배제했던 부정적인 감정을 다시 한번 자기의식으로 되돌리는 일이 그 출발점이 된다. 제2의 탄생인 자아의 탄생을 맞이한 한 소년의 모자 간의 감정 갈등도 그동안 어머니의 말이 간섭과 잔소리로만 들렸던 미움의 감정이 몰아냈던 사람의 감정을 다시 의식으로 되돌림으로써 위기를 극복할 수가 있을 것이다.

그러기 위해서는 자기 안에 있는 자신도 보기 싫은 삐뚤어진 감정만이 아니라 남에게도 감추려고 했던 약점을 솔직하게 인정하는 것이 필요하다. 요컨대, '자기탐색'이란 그동안 숨긴 자기 약점을 인정하는 일이기도 하다.

이는 마치 열렬한 '평화주의자'가 기실은 '호전적인 사람'이라고 스스로 인정하는 것과도 같다. 그동안 자기는 평화주의의 가면을 쓰고 위선자로서 살았다는 것을 인정하는 것과도 같다. 이러한 결단은 참으로 힘든 일이며, 이는 자신에 대한 '진실'을 발견하게 되는 용기있는 순간이다. 그렇지 못한 일상생활이란 생지옥일 것이며, 자신에 대한 진실을 발견하지 못하고 있기 때문에 심한 신경증적 성격 때문에 만성적인 심신의 피로를 겪게 될 것이다.

다음 사례는 고속버스를 탈취한 17세의 한 소년의 경우이다. 어머니는 사건 당일 아들이 집을 나간 뒤 책상 서랍에서 다음과 같은 글을 발견하였다.

"최근에 나에게는 또 한 사람의 생소한 나가 생겼다. 그런데 그 나는 내게 가공할 만한 일을 권유하고 있다. 살인을 하라, 살인을 하라고. 누가 나를 멈추도록 해 주십시오."

이 소년은 평소 성실하며 성적도 우수했다. 그러나 신경증적 성격 때문에 그동안 억압되어 있던 공격성이 드러나게 된 것이다. 평소에는 꼼꼼하고 완벽주의적이어서 자존심과 체면을 중시하며 허영심도 강한 편이었다. 그렇지만 자기 안에 있는 또 한 사람의 자기가 너무도 낯설고 무서운 나머지 의식적으로 자기탐색은 하지 않았지만 '진정한 나'에 대한 생각의 문이 열리게 되었다.

그렇지만 이 경우는 처음부터 무의식 속에 억압되어 있는 자신의 어둡고 굴절된 면을 찾으려고 한 것이 아니었기 때문에 이는 마치 무언가 땅에 떨어뜨린 소지품을 찾는 것과 같아서 처음부터 의도적으로 자기를 탐색했을 경우와는 그 의미가 다르다.

▌ 시련을 통한 자기탐색

'자기탐색'이란 본래가 자기로서는 견디기 어렵기 때문에 자기의식으로부터 추방한 자기를 찾는 일이다. 물론 추방된 자기 모습은 사람에 따라 다 다를 것이다. 어떤 사람에게는 차라리 죽는 것이 좋다고 할 정도로 자기혐오와 굴욕감에 빠져 있는 사람도 있다. 본질적인 '자기탐색'이란 이렇듯 마음에 들지 않아 견딜 수가 없어서 자신의 의식으로부터 추방한 '자기를 찾는 데 있다.'는 것을 자각하지 않으면 안 된다. 자기탐색이란 죽을 만큼의 고통이 따르는 힘든 시련의 과정이다.

사람은 현실이 너무도 힘들고 혹독할 때 '억압'이나 '투영'에 의해서 또는 '반동형성reaction formation'이라는 기제를 써서 자신을 속이게 된다. '자기탐색'이란 이렇듯 자신을 속인 것을 솔직하게 인정하는 것부터 시작이다.

진실이 너무도 고통스럽고 괴로울 때는 진실로부터 자신을 지키는 방법이 억압이었다. 이렇듯 '억압'이란 현실도피적 방법의 하나이다. 자존심을 상하게 했으며, 불쾌했던 일을 무의식 세계로 밀어 넣어 의식의 세계로부터 잊게 하는 심적 활동은 일시적인 조치에 지나지 않는다. 때문에 억압은 방어기제의 원점으로서 불쾌했던 것을 잊으려고 하는 심리 때문에 이는 행동 착오와 신경증의 원인이 되고 있다는 점에서 자기탐색에는 방해가 될 뿐이다.

'도피적'인 생활방식이란 현실을 인정하고 싶지 않은 생활방식이다. 때문에 마음속으로는 알고 있으면서도 모른 척하는 자기 기만의 태도를 취하게 된다. 이런 사람은 자신의 도피적인 속임수가 '어떻게 될 것'으로 생각한다. 그렇지만 현실로부터 도피해도 그렇게 되지 않는다는 것을 알게 될 것이다.

사람은 자신을 아프게 하는 진실도 지키지 않으면 안 된다. 그러나 진실에 대한 억압 때문에 자신을 놓치게 된다. 그렇다면 자신에 대한 이와 같은 방어적인 태도를 멈추는 것이 '자기탐색'에서는 필요하다. 그러나 진실된 것이 너무 힘들고 견디기 어렵다고 해서 진실을 억압하거나 포기를 해서는 안 된다. 힘들지만 참고 진실된 자신의 본질적인 면을 찾아내지 않으면 안 된다. 이것이 '본질적인 자기탐색'이다.

이 점을 망각하고 '자기를 탐색한다.'고 말하는 것은 진정한 자신과 만날 가능성은 전혀 없다고 보아도 지나친 말은 아니다.

본질적인 자기탐색은 단순한 관념의 세계가 아니다. 이는 마치 지옥과 연옥을 거쳐서 천국에 이르는 과정과 같은 것으로 볼 정도의 처참한 고난의 과정이다.

'진정한 나'를 안다는 것은 자신의 천부적인 소질을 발견했다는 것과는 다르다. 이보다는 지난날의 자신을 돌아볼 때 자신의 염치없고 방자했던 행동을 깨달았으며 이기주의적이었던 자신을 알게 된다는 것도 '진정한 나'를 알게 되는 길이다.

이런 점에서 '진정한 나'를 깨닫는 것은 동시에 힘든 상황 속에 있는 '진정한 타자'를 알게도 된다는 의미를 갖는다. 예컨대, '지난날 자신의 실수를 반성함으로써 그때 그 사람의 마음의 상처가 얼마나 컸을 것인가.'를 알게 된다는 것이다. 요컨대, '진정한 나'를 깨닫는다는 것은 상대의 처지에서 문제를 생각할 수 있게 된다는 말이기도 하다.

그러나 자신의 심적인 갈등에 정신이 팔려 자기 일만을 생각하게 될 때는 자기는 절대로 정당하다고 생각하기 쉽다. 이렇게 되면 '진정한 나'도 알 수 없고 '진정한 타자'도 알 수 없게 된다. 그 결과 남들과의 대인관계에서도 여러 가지 문제가 생기게 된다. 사람의 일생은 인간관계의 각종 트러블의 연속이라고 볼 수도 있다. 그렇지만 그 트러블이 많은 사람은 '진정한 나'도, '진정한 타자'도 알지 못하고 있다고 보는 것이 좋을 것이다.

(2) 무엇을 인정하기 어려운가를 생각한다

사람들 가운데는 자신의 사고나 태도와 행동이 도덕적 비난을 받거나 약점이 드러나는 것을 감추기 위해서 '합리화'라는 방어기제를 쓰는 경우가 있다. 그리스의 우화 작가 이솝Aesop의 우화에 나오는 여우는 진심은 저 포도를 따먹고 싶었다. 그러나 따먹을 수가 없었기에 여우는 자기의 약점을 감추고 미화시키기 위해서 저 포도는 시다고 말한 것이다.

이 경우는 인정하기 어려운 자신의 사고思考를 지우려고 하는 노력이 그런 생각을 참기 어렵게 만들고 마는 경우이다. 예컨대, 자신의 연구 업적에 자신이 없는 교수일수록 타 교수의 업적에 대한 폄하와 비판이 심한 경우가 많다. 이렇듯 남을 심하게 비난하는 교수는 결국 자신의 마음의 병을 키워 가게 된다는 것을 말해 주고도 있다.

사실 그 교수도 마음속으로는 자신의 연구 업적이 그렇게 잘된 것이 아니라는 것을 잘 알고 있다. 그렇지만 이런 생각이나 느낌을 의식으로부터 배제하고 억압하려고 하면 응분의 명분이 필요하게 된다. 그 결과 다른 교수의 업적이 뛰어났다고 하는 것이 그에게는 위협이 된다. 그러나 객관적인 사실대로 느끼고 있는 것을 억압하지 않는다면 다른 교수가 위협이 될 수는 없다. 언제나 자신에 대해서 느끼고 있는 것을 억압하기 때문에 다른 교수의 업적이 자신에게는 위협이 되는 것이다.

이런 사람은 다른 교수를 일이 있을 때마다 세차게 비난하게 된다. 젊은 학자인 주제에, 고령의 학자인 주제에, 여성으로서 주제넘게…… 등 완전히 자기합리화에 빠져 있게 된다.

이와 같은 비판의 동기가 되어 있는 것은 그의 '열등감'이다. 왜냐하면 맹렬한 비판의 배후에 있는 사고방식은 자신이 그만큼 뛰어나지 못하다고 하는 생각이 숨어 있기 때문이다. 그래서 비판할 때마다 배후에 있는 약하고 무능한 자신에 대한 생각을 '강화'하게 된다. 그 결과 점점 자기는 훌륭한 학자가 아니라는 부정적인 '자기 개념'을 만들어 버리게 된다.

결국 자신은 학자로서는 유능하지도 않다는 사고방식을 공고히 하게 된다. 그래서 자신에 대한 잘못된 사고방식이나 감성을 더욱 억압해 버리게 된다. 그 결과 인정하기 어려운 생각을 없애려고 하는 노력이 그런 생각을 버티기 어렵게 만들고 마는 악순환에 빠지고 만다. 요컨대, 자기도 능력 있는 교수로서 그 역할을 다할 수 있음에도 불구하고 그렇게 할 수 없지는 않을까 하는 불안감을 느껴서 이를 강화시켜 버리게 된다는 것이다.

그 결과 최후에 가서는 불안감 때문에 교수직을 그만두지 않을 수 없게 된다. 이렇듯 어리석게도 자기가 자신의 목을 졸라매고 만 것이다. '자기탐색'이란 먼저 '자기는 자신의 무엇을 인정하고 싶지 않은가?'에 대하여 허심탄회한 성찰이 필요하다. 사람의 일생은 인간관계의 트러블의 연속이며, 지나치게 트러블이 많은 사람은 '진정한 자기'도 '진정한 타자'도 알지 못한다는 것을 생각하는 것이 좋다.

(3) 살아가는 방식을 반성한다

▌무의식을 이해하기 위해 자신의 꿈을 해석한다

바람직한 자기실현을 위해서는 자신의 무의식에 대한 이해와 반성이 필요하다. 무의식에 문제가 있을 때는 아무리 노력해도 그 노력은 헛수고로 끝나서 무기력해진다. 설혹 무기력으로부터 일시적으로 회복한다 해도 언젠가는 다시 깊은 무기력에 빠지고 마는 악순환의 길을 가게 된다. 이 악순환에서 벗어나기 위해서는 무의식을 이해해야 하며, 무의식을 이해하기 위한 방법의 하나로서 꿈을 해석하게 된다.

그것은 꿈이란, 우리의 수면 중에 일어나는 자각적 체험 가운데 나타나는 명료한 감각성 심상이며, 우리의 의식의 통제가 극도로 약했을 때의 '무의식의 자기'의 창조물이기 때문이다. 일찍이 프로이트S. Freud는 꿈을 인과적인 관점에서 무의식적인 소망의 위장된 충족이라고 보아 꿈의 해석을 위해 무의식적 내용을 의식화시키고자 '자유연상법free association'을 사용하였다.

그러나 융Carl G. Jung은 꿈을 무의식 내의 현실 상황을 상징 형식으로, 자발적인 자기묘사로 보아 '꿈과 의식'과의 관계를 근본적인 '보상'의 관계로, 즉 꿈의 근본적 기능을 의식에 대한 보상 기능으로 보았다. 이렇듯 융은 꿈을 인과론적으로도, 목적론적으로도 볼 수 있는 마음의 산물로 보았다. 때문에 꿈의 해석에 있어서 꿈의 맥락을 이해하기 위한 연상의 과정도 이용하였지만 '확충amplificacion'[2]이라는 접근 방법을 사용하였다.

2) 확충이란, 꿈을 보편적인 이미지에 관련시킬 때 사용하는 방법이며, 이 확충을 할 때는 신화 · 역사 · 민간신앙 · 문화 등에서 볼 수 있다는 유사한 이미지를 이용하여 은유적인 꿈의 상징을 밝혀 주고 풍부하게 넓혀 주는 것이 필요하다. 예컨대, 개인적으로는

▮ 한 청년이 꾼 꿈의 의미

꿈속에서 한 청년의 아버지는 비틀비틀 서투른 차 운전을 하고 있었다. 그러더니 결국 차를 벽에 부딪치고 말았다. 아들은 화를 내며 야단을 쳤지만 아버지는 곤드레만드레가 되어서 히죽히죽하는 것이었다.

그렇지만 실제 이 청년의 아버지는 매우 훌륭한 생활인으로서 아들은 아버지를 존경했다. 그렇다면 왜 이런 못난 아버지의 모습이 꿈으로 나타난 것이었을까?

이 꿈은 이렇게 설명할 수 있다.

아들은 아버지를 존경하며 살아왔다. 때문에 '아들의 의식'은 아버지를 너무 의지하고 믿는 편이었다. 이로 인하여 아들의 무의식은 '못난 아버지상'을 보임으로써 아버지에게만 의존하지 않고 '나는 나로서 정신 차려 열심히 살아가지 않으면 안 된다.'라고 하는 마음을 환기시키려고 한 것이라고 볼 수가 있다.

이렇듯 아들이 꾼 꿈은 아버지에 대한 불신감이나 경멸을 나타내는 것이 아니라 아들이 자신을 자립시키려고 하는 '무의식의 작용'에 의해서 나타난 것이다.

이것은 의식의 일면화 경향에 균형을 가져오기 위한 보상(조절·보충·균형화) 현상이다. 개인의 의식적인 태도에 의해서 억압되었고, 배제되었으며, 금지되었던 내용이 무의식 상태에 빠

꿈의 상(像)에 대해서 '무엇이 머리에 떠오르는가' 하는 물음을 던졌을 때 나오는 꿈의 이미지에 대한 하나의 '착상'을 수집하는 방법이다.

져 있을 때 무의식 영역에 의식이 대립할 수 있는 경향이 나타난 셈이다. 우리 속담에 '꿈과 현실과는 반대'라는 속설도 '보상' 기능과 비슷한 전제를 가지고 있다.

▋상대의 기대에 부응하기 위해서 무리하고 있는 것은 아닐까?

'자기탐색 증후군'에 속한 사람은 어딘지 모르게 자신의 최선의 노력을 포기하고 있다. 그러면서도 '자기탐색'이라고 말하며 자신의 최선을 추구하고 있다. 이렇듯 자기탐색 증후군은 자신의 최선에 대해서 알지를 못한다. 이것이 문제이다. 심리 상태로 본다면 어른이 되어서도 유아기의 부모에 매여 있는 것과 같은 퇴행적인 상태가 된다. 예컨대, 부모가 젊었을 때 스키 국가대표 선수로서 올림픽 금메달리스트였다는 것을 마치 자신이 금메달리스트나 되었던 것처럼 생각하면서 기실 자신은 스키를 좋아하지 않으면서도 스키를 잘 타는 사람이 되고자 한다. 이런 식의 생활태도는 막연히 목적도 없이 걸어 가고 있는 것과도 같다.

이런 식으로 스키를 타게 되면 스키를 탈수록 마음의 밑바닥에서는 '자기 무가치감自己無價値感'이 심화된다. 설혹 스키 기술이 숙달되었다 할지라도 무의식의 영역에서는 자기 무가치감이 더욱 심화된다. 이것이 무의식의 영역에서 치러야 할 대가인 것이다.

이유도 모르며 사는 것이 힘들 때는 '자기는 무의식에서 얼마만큼의 대가를 치르고 살아왔는가.'를 생각해 볼 필요가 있다.

쓸쓸하다고 하여 상대의 관심을 끌고자 상대를 기쁘게 하려고 하면 설혹 상대가 기뻐한다 해도 그 결과는 무의식의 영역에서 자기 무가치감만이 깊어질 뿐이다. 마찬가지로 열등감에 고심한 나머지 상대의 존경을 받고자 무리를 해서라도 분수에 넘는 명예를 얻고자 한다. 그러나 설혹 명예를 얻는다 해도 결과는 역시 열등감만이 심화될 뿐이다.

상대를 기쁘게 하려고 하는 것 자체가 잘못된 것은 아니다. 허전하기 때문에 상대를 기쁘게 하려고 하는 것이 잘못되었다는 것이다. 이와 마찬가지로 '이상적인 자아상'을 추구하는 것 자체가 나쁜 것은 아니다. 열등감 때문에 자아상을 추구하는 것이 좋지 않다는 것이다. 문제는 노력 그 자체가 아니라 '노력의 동기'인 것이다.

주위 사람들로부터 멸시받은 앙갚음으로 발분 노력하였다고 한다면 이 역시 동기가 좋지 않다. 왜냐하면 이와 같은 동기에서 노력하게 되면 자신의 분수를 모르고 무리를 하게 되기 때문이다.

그 결과 비현실적인 기대 수준에 자신의 운명을 걸게 된다. 뿐만 아니라 주위 사람들에게는 자기 분수도 모르고 사는 사람으로 보이게 된다. 다시 한번 강조하지만 중요한 점은 무의식의 영역에서 자신이 '어떤 대가'를 치르고 있느냐에 대한 반성이다.

상대의 관심을 얻고 싶어서 노력했다고 하자. 그 결과로써 상대의 관심을 얻었으며, 상대의 존경도 받았다. 그러나 당신은 그 이상의 것을 무의식의 영역에서 대가를 치른 것을 알아야 한다. 그러나 무의식의 영역에서 치른 대가란 내게 관심을 가져줄 상대에게는 무관한 그런 '자아상'인 것이다.

이런 식으로 해서 사람들로부터 높은 평가를 얻기는 했지만 무의식의 영역에서 대가를 지불했기 때문에 경제력이나 권력을 가지고 있으면서도 신경증에 걸리는 사람도 있다. 이 때문에 경제력과 권력은 얻었지만 마음속에 있는 '자아상'은 전에 비해서 매우 궁상스럽게 되어 버린다.

이 때문에 더욱 경제력과 권력에 대한 욕심이 커지게 된다. 이런 욕심은 점점 강박적으로 커지게 된다. 그래서 자신의 의지로 강박적인 관념을 억제할 힘이 없을 경우에는 자기는 살아 있을 가치가 없다고 생각하게 된다. 이른바 무의식의 악순환이 일어나게 된다.

▌ 자신의 의지가 없을 때는 그 대가가 크다

사람들 가운데는 경제력도 없고 권력이 없어도 행복하게 살고 있는 사람도 많다. 이런 사람은 무의식의 영역에서 치러야 할 대가를 치르지 않는 사람이다. 그래서 즐겁게 살고 있는 것이다. 그러나 자신의 의지를 갖지 않는 것에 대한 대가는 크다. 자신의 의지를 갖지 않으면 보기에는 인간관계가 원만한 것처럼 보인다. 그래서 트러블도 일어나지 않으며 모나지 않아서 원만하게 처신하는 사람도 있다.

그러나 자기 의지를 갖지 못한 대가는 크다. 자신의 의지를 갖지 못하면 언뜻 보기에 인간관계가 원만한 것으로 보인다. 이런 사람은 무의식의 영역에서 큰 대가를 치렀으며 자신_{自信}을 상실한 사람이다. 그래서 원인도 알 수 없는 우울 때문에 힘든 나날을 보내게 된다.

앞에서 '친한 사람도 없고 자주 인간관계에서 문제가 있는 사람은 자신의 무의식 안에 증오감이 자라고 있는 것이 아닐까 반성하지 않으면 안 된다.'라고 말했다. 이 말은 성격이 공격적 유형에 해당되는 사람의 문제이다.

'공격적 유형'이기 때문에 인간관계의 트러블은 그 사람이 원인일 때가 많다. 그러나 여기서 말하고 있고 또는 이제부터 말하려고 하는 것은 '영합적 유형'의 사람에 대한 문제이다. 어렸을 때부터 지배적인 부모에 길들여진 사람은 어른이 되어서도 남에게 잘 보이고 영합하려는 인간관계가 중심이 된다. 이런 사람은 무의식의 영역에서 자기 무가치감, 자신감의 상실이라는 대가를 지속적으로 치르게 된다.

사람이 자립성을 희생시켜 가면서까지 상대의 뜻에 맞추어 살아간다면 겉으로 보기에 인간관계가 매우 원만한 사람처럼 보일 것이다. 그러나 이런 삶은 마음속에 있는 '자아상'이 빈곤해져서 언젠가는 신경증적 성격 때문에 마음은 병들고 사람이 추하게 보이게 된다. 이 점이 무의식의 영역에서 영합적 성격이 치러야 할 '대가'라는 의미인 것이다.

앞에서 '진정한 나'는 그 사람의 무의식 속에 있으며, 자기실현을 하기 위해 필요한 것은 자신의 무의식에 대한 '반성'이라고 말했다. 여기서 무의식의 반성을 다시 말하고자 한다. 내가 무의식 영역에서 어느 정도의, 그리고 무슨 대가를 치렀는가를 생각하자. 그리고 자신의 생활을 반성해 보자. 그러면 새로운 인생의 길이 반드시 열릴 것이다.

▍ 불행을 한탄만 해서는 새벽은 오지 않는다

당신이 만약 사는 것이 너무도 힘들고 괴롭다면 그것은 당신의 무의식의 영역에 무언가 심각한 문제가 있어서 매우 잘못된 인간관계의 와중에 있기 때문이라고 생각하는 것도 도움이 된다. 누구나 바람직한 인간관계를 맺고 있을 때는 괴롭고 슬픈 일이 있다 해도 '어떻게 되어서 이렇게 되었다.'는 그 이유를 아는 데 도움이 된다.

그러나 '내가 무엇 때문에 이렇게 괴로워해야 하는가?'를 설명할 수 없다고 한다면 당신의 주위 사람들은 그다지 질이 좋지 않을 가능성이 크다. 질이 좋지 않다는 것은 교활하고 능글스럽다는 것이다. 즉, 간사하고 꾀가 많아서 남을 희생시켜 놓고 자기는 놀면서 남의 이익을 자기 것으로 만들려는 사람이라는 것이다.

이런 경우에는 인간관계를 바꿀 필요가 있다. 그러기 위해서는 자신의 무의식의 영역을 반성하는 것이 필요하다. 예컨대, '왜 나는 남과 건강한 신뢰관계를 맺지 못했는가?'라고 반성함으로써 자신의 마음의 본색이 보이게 될 것이다. 그래서 자신의 무기력함·어리석음·의존심 같은 것이 보이게 될 것이다.

만약 그렇지 않을 때는 '내가 이렇게 힘들고 괴로운 것은 모두 주위 사람들이 나쁘기 때문이다.'라고 생각하게 된다. 이렇게 되면 지금의 잘못된 인간관계를 청산했다 할지라도 역시 똑같은 종류의 사람들과의 만남만이 시작될 뿐이다.

한 중년 주부의 '전화 인생 상담' 사례에서 있었던 일이다. 남편의 폭력에 시달리면서도 이혼의 용기를 갖지 못했던 것은 이혼을 하고 나서 새로운 인생을 시작할 불안에 맞서기보다는 차라리 폭력을 참고 견디는 쪽이 심리적으로는 더 편하다고 생각했기 때문이었을 것이다. 이렇듯 자신의 불행을 한탄만 해서는 나로부터 아무것도 달라질 수가 없었다.

이 사례는 자책과 원망 정도일 뿐 적극적으로 자신을 바꾸려고 하지 않았던 경우이다. 아마도 마음이 약해서 자신을 책망하고 남편을 저주함으로써 자신의 처지로부터 심리적으로 면할 수 있을 것이라고 기대했을지도 모른다.

이때 필요한 것은 자신의 이와 같은 나약하고 소극적 대처를 정면으로 직시하는 일이다. 그동안 자기가 하고 있는 일이 얼마나 부적절했는가에 대해서 깨닫게 되면 문제의 해결은 가까이 와 있는 것이다. 아무리 시간이 가도 새벽이 오지 않는 사람은 자신의 어리석고 비루함을 인정하지 않고 힘든 것을 거부하고 있는 사람이다.

(4) 마음에 새기며 행동하라

사람은 평소에는 좀처럼 자기가 진정한 나로서 살고 있는지, 거짓의 나로서 살고 있는지를 알고 살지는 않는다. 또한 나의 행동이 '억압'의 심리기제 때문인지 아닌지도 쉽게 바로는 알 수 없다. 그것은 억압이란 다분히 무의식의 영역의 문제이기 때문이다.

사람에게는 누구나 견디기 어려운 충격이나 이에 연계되어 있는 기억을 의식으로부터 추방하여 무의식에 가두어 두려는 '방어기제'라는 심리가 있다. 예컨대, 불쾌했던 일 같은 것을 무의식의 세계로 밀어 넣어서 의식의 세계로부터 잊게 하려는 억압이라는 심리가 그것이다. 때문에 의식 수준에서는 '나는 거짓말을 하지 않았다.'고 생각해도 무의식 수준에서는 실은 '자신에게 거짓을 말하고 있다.'는 것이 된다. 이것도 억압 때문이다.

그렇지만 억압은 무의식 영역의 문제인 이상 직접적으로 자기가 말한 거짓을 의식할 수는 없다. 그러나 내게 억압이 있는가 없는가를 알 수가 없느냐 하면 그렇지도 않다고 생각한다.

그러기 위해서는 자기 자신의 행동을 관찰하는 노력과 무의식의 표출에 가까운 부분의 문제부터 시작해서 점진적으로 심층에까지 이르는 '무의식의 의식화' 작업이 필요하다.

인간의 마음의 '갈등'은 아무리 감추려고 해도 어딘가에서는 나타나게 된다. 갈등에는 욕망과 도덕적 요청 사이에 끼어서 난처하게 되는 경우와 같이 의식할 수 있는 수준의 것도 있고, 갈등 그 자체는 의식되지 않고 여기서 기인하는 불안만이 자각되는 경우처럼 '무의식적인 수준'도 있다. 모종의 불안 때문에 과식하는 사람, 불안으로부터 도피하고자 작업의존증에 빠져 있는 사람은 전자의 경우이며, 아무것도 하지 않는데도 쉬이 지쳐 버리는 사람은 후자의 경우이다.

특히 후자는 그 자리에 어울리지 않는 분노를 나타내는 경우도 있다. 이는 분노를 억압하고 있기 때문에 그렇게 될 수밖에 없다. '속으로는 이런 것쯤은 대단한 것도 아니다.'라고 자신을 타일러 보지만 아무리 생각해 보아도 마음에 걸려서 잠을 잘 수가 없고 기분도 개운치 않다. 예컨대, '하찮은 아녀자, 그런 수준의 여자와 싸우지는 않겠다.'라고 말은 했지만 기실 마음속에서 화가 나 있는 것이다.

이 분노를 억압하고 있기 때문에 구역질이 나고 식욕이 감퇴되기도 하며 불면증을 호소하게도 된다. 분노란 억압하고 의식적으로 참는다고 해도 굉장한 정신적 에너지를 소모하게 한다. 그 결과 실제로는 아무것도 하지 않았지만 정신적으로는 바로 지치게 된다.

(5) 억압이 강한 사람은 무의식의 반발이 크다

사람들 가운데는 남이 나를 어떻게 생각할 것인가에 대해 몹시 신경을 쓰는 사람이 있다. 이런 사람은 자기가 무엇을 숨기고 있는 것이 있기 때문이며, 자기 자신에게 자신이 없는 사람이다.

이것은 숨기고 있는 것을 사람들에게 알지 못하게 하려는 근심의 표현이다. 즉, 노출될 것을 걱정하는 불안의 심리이다. 사람은 누구나 자신의 어떤 약점을 감추고 있을 경우에는 그것이 남에게 어떤 피해가 가지 않는다 해도 알게 되는 것을 막으려고 한다.

이 점은 자기가 자신에게 무엇을 감추었을 때도 마찬가지일 것이다. 자기가 마음속으로 나는 두뇌가 명석하지 못하다고 생각한다 해도 자아는 이를 인정하려고 하지 않는 경우가 있다. 이럴 때는 사람들에 대해서 허세를 부리게 된다. 그래서 사람들에게나 자신에게도 자기가 자못 두뇌가 우수한 체 한다. 이럴 때는 자신의 두뇌가 우둔한 점이 노출될까 신경을 쓰는 것은 당연한 일이다.

이렇듯 사람들이 나를 어떻게 생각할 것인가에 대해 마음을 쓰고 있는 사람은 무언가를 숨기고 있는 사람이다. 돈이 없는데도 돈이 있는 '체' 하는 것은 사람들이 자기를 가난뱅이로 보고 있지 않을까 하는 점에 대한 역표현이라고도 볼 수 있다. 그래서 정신적으로 긴장되고 피곤하다.

억압이란 안 좋은 일을 자기가 실제로 느끼고 있는 것을 잊으려고 자기 의식으로부터 무의식으로 추방하는 것이기 때문에 자신은 알 수 없다고 한다. 요컨대, 억압은 무의식에 관한 것이기 때문에 실제로는 자기가 억압하고 있는지 어떤지 알 수는 없다고 한다.

청문회에서 증인으로 나온 사람의 경우 기억이 안 난다고 위중하게 되는 심리상태도 불리한 것은 기억하고 싶지 않으며, 잊어버리고 싶은 것을 억압하고 있는 방어기제 때문이라고도 볼 수 있다.

요컨대, 의식(이성)으로 무의식(욕망)을 억제하지 못할 경우, 의식에 대한 무의식의 반발이나 억눌린 원한을 풀기 위한 복수심이 강한 사람은 위증을 하게 된다. 그래서 억압은 기억 착오나 신경증의 원인이 되기도 한다.

(6) 억압된 욕구의 원인을 이해한다

▌억압되면 욕구는 증대한다

억압된 욕구는 증대한다고 말한다. 명예욕이나 권력욕이 그렇고 성적 욕구가 그러하다. 어려서부터 부모에 의해서 명예욕이나 권력욕을 천한 것으로 가르침을 받았다고 하자. 그래서 명예욕이나 권력욕이 자기 안에 있다는 것을 부정하는 사람도 있을 수 있다.

아버지가 정치가일 경우 부모는 가족보다도 표를 의식하여 유권자들을 더 소중하게 생각하는 것을 느꼈다고 하자. 이 경우에 어린이는 부모로부터 멀어지고 있다고 생각한 나머지 부모를 원망하게 된다. 그래서 정치가를 미워하게 되었다고 하자. 또한 명예욕이나 권력욕을 천한 것으로 보아 이를 무의식 속으로 억압하게 될 것이다.

그 결과 명예욕이나 권력욕은 중대하여 점점 명예나 권력에 대한 관심이 높아지게 된다. 이로 인하여 명예나 권력을 가진 사람이 위협과 경쟁의 대상이 된다. 왜냐하면 자신의 억압된 욕구가 자극을 받기 때문이다. 그 결과 명예나 권력을 가진 사람을 심하게 비난도 하게 된다. 이와 같은 비판이나 비난은 방어적 행동이다.

우리가 일상생활에서 명예나 권력을 가지고 있는 사람을 비난하고 공격함으로써 자신의 심적인 혼란을 진정시키는 것을 많이 볼 수 있다. 비난이란 상대가 자기보다 무능하다고 생각해서 비난하는 것이 아니라 자신의 마음의 혼란을 정리하기 위해서 상대를 비난하는 것이기 때문에 당연히 비난은 심하기 마련이다. 그렇게 하고 나면 마음은 한결 가벼워진다.

요컨대, 명예욕이나 권력욕을 억압하게 되면 명예나 권력을 가지고 있는 사람을 짜증나게 한다. 이유도 없이 짜증나게 했을 때는 어쩌면 나도 '이 사람처럼 되고 있는 것은 아닐까.'라고 일단은 반성해 보는 것이 필요하다.

가끔 어린 소년들이 어른에게 버릇없이 구는 경우가 있다. 역시 이 경우도 마음속으로 동경의 대상이 되는 사람을 화나게 하는 것일 수도 있다. 그러나 어린이들은 자신이 자기를 화나게 하고 있는 것에 대해서 알지 못할 것이다. 화나게 하고 있는 어린이는 진정한 자기 모습을 인정하는 것을 거부하고 있는 것이다. 자신이 되고자 하는 자기가 되지 못하는 절망감을 인지하지 못한 것이다.

　기실 저 사람처럼 되고자 하는 것을 인정하고 있지 않는 것이다. 요컨대, 자기는 저렇게 노력할 수 없다는 것을 인정하지 않는다. 역겨운 것은 이솝우화에 등장하는 여우의 '신 포도'와 같은 심리이다. 본심은 저 포도가 탐이 나지만 따 먹을 수가 없기 때문에 '저 포도는 시다.'라고 말한 여우는 포도를 이용해서 자신의 본심을 숨긴 것이다.

　이렇듯이 '저 포도는 신 포도이다.'라고 '합리화'시킴으로써 자기 약점은 감추려고 하기 때문에 이런 사람은 결코 '진정한 자기'를 발견할 수가 없을 것이다.

▌ 성공한 사람을 경멸함으로써 자신을 정당화한다

　여기서는 먼저 설명으로 들어가기 전에 다음과 같은 사례를 소개하고자 한다.

　40대의 한 남성 직장인의 경우, 본심은 승진과 승급을 몹시 바라고 있었다. 하지만 그런 욕구를 억압하였다. 억압의 중심은 야심이었다. 그는 미래에 관해서는 말하지는 않았다. 연봉을 위한 노력도 하지 않았다. 사람들을 매도하는 것이 그가 사용하는 방어 수단이었다.[3]

---

3) George H. Weinberg, op. cit., pp. 118-119.

이런 사람은 필시 '회사에서 출세한다는 것은 시시하다.'든가 '연봉을 위해 신경을 쓰는 사람은 돈만 생각하는 사람으로서 치사하다.' 등의 비난만을 할 수 있는 사람이다. '그렇게도 신분 높은 사람이 되고 싶단 말인가! 책임질 것만 많고 부산하기만 할 뿐 바보 같다!'라고 비웃음으로써 나름대로는 자신의 마음의 혼란을 다스릴 수가 있었을 것이다.

그에게 있어서 비즈니스 세계에서 성공한 사람이란 위협의 대상이었다. 그들은 그의 억압된 야심을 자극할 뿐이었다. 그렇지만 그는 자기가 회사에서 출세하고 싶다는 것을 인정하지를 않는다. 그래서 자극을 받은 야심 때문에 마음의 혼란은 피할 수가 없게 되었다.

이런 상황에서 그가 출세한 사람들과 같이 있는 것을 유쾌하게 생각하지 않는 것은 너무도 당연한 일이었다. 이보다 그는 처의 태도에 짜증을 냈다. 그것은 처가 비즈니스 세계에서 성공한 자신의 동료에 대해 칭찬하기 때문이었다.

이로 인해 감정이 전이되어 레즈비언 예술가들과 그들의 친구까지도 좋아하지 않게 되었다. 알고 보니 그의 최악의 증상은 만성적인 불안과 절망감이었다.

동료의 성공을 '하찮다'고 경멸하는 방법으로 현재의 자신을 정당화한다면 언제까지나 성공한 사람은 자신을 짜증나게 할 것이다. 그것은 성공한 사람은 자신을 위협하고 있는 것으로 생각하기 때문이다. 성공한 사람을 경멸함으로써 마음의 혼란을 진정시키는 것은 극히 간단한 일이다. 그러나 이 방법은 본질적인 해결은 되지 못한다.

무시와 경멸이라는 방법은 일시적으로 신경질적인 짜증을 잠재울 수는 있어도 얼마 가지 않아 또다시 짜증을 느끼게 된다. 성공한 사람을 경멸할 것이 아니라 그들에 대한 공포를 인정하고 이를 수용하면 본질적인 해결의 길이 보이게 될 것이다.

▌초조·짜증은 자기를 알 수 있는 기회도 된다

누구나 주위에 신뢰할 수 있는 사람이 없을 때는 불안이나 공포를 인정한다는 것이 상당히 어렵다. 그러나 자신의 이런 사실을 인정하게 되면 주위에 신뢰할 수 있는 사람이 나타나게 된다. 이 점이 '악순환'과 '선순환'의 갈림길이다.

자신의 인간관계에서 만성적인 불안이나 공포·절망을 인정하게 되면 '저(이) 사람도 사귈 만한 사람'으로 생각이 바뀌게 되어 친구가 될 수 있다. 그러나 인정하지 않으면 '싫은 사람'으로 보여서 친구가 될 수도 없을 것이다.

앞 사례에서 40대 직장인의 경우는 역시 어렸을 때에 문제가 있었다. 어렸을 때 집에 손님이 올 때면 인기 있는 사람은 형이었다. 그것은 형이 자기 방에 있어 보이지 않을 때나 밖에 나와 있을 때나 마찬가지였다. 형은 주위 사람들에게 좋은 인상을 주는 사람이었다. 이 때문에 동생도 형과 똑같은 사람일 것이라고 주위 사람들로부터 기대되고 있었다.

그러나 주위 사람들은 동생한테서 실망하게 된다. 이는 그에게 있어서는 굴욕적인 체험이었다. 그 결과 동생 역시 자신에게 실망한 것이다. 동생도 사실은 좀 더 많은 것을 성취하고 싶었다. 그러나 자신이 짜증스러울 때는 기실 알고 보면 자신의 민낯의 모습을 볼 수 있는 기회이기도 하였다.

어쩌면 '이상理想의 자기'와 '실재의 자기'의 괴리로 인하여 자기를 멸시하고 있음을 알려 주고 있는지도 모른다. 만약 그렇다면 '왜 나는 나를 경멸하게 되었는가?'를 생각하면 된다.

또는 어떤 사람에게 짜증이 났을 때는 무언가 내가 중요한 감정을 억압하고 있다는 것을 알려 주는 조짐일지도 모른다. 또는 자기를 짜증나게 한 사람처럼 되고 싶다고 마음속으로 생각하고 있을지도 모른다.

다음은 한 중학교 K교사의 사례이다. 이 교사는 유교적인 가정에서 아버지의 엄격한 가르침 속에서 자란 사람이었다. 때문에 학생들 가운데 양보나 억제를 할 줄 몰라 너무 자기중심적인 학생에 대해서는 못마땅하게 생각하였다. 그래서 K교사는 이런 학생은 '어려워함을 모르는 무엄한 사람이다.'라고 비난하였다.

기실 K교사 자기도 소년 시절에는 그렇게 구애됨이 없이 살고 싶었던 것이다. 그러나 그와 같은 생활방식은 허용되지 않는 부정적인 가치관 속에서 성장하였다. 이 때문에 K교사는 그런 욕구를 억압한 것이다. 그러나 엄격하고 딱딱하게 살면서 일체의 욕구를 억압해도 마음먹은 대로 뻗어 나가는 학생들을 보게 되면 그동안 마음속에 억압되었던 욕구는 자극을 받아 활성화되곤 하였다. 이로 인하여 K교사의 마음은 패닉 상태가 되고 이를 극복하기 위해서 방자한 학생을 처벌할 수밖에 없었다.

▌ 왜 자기 자식을 학대하는 것일까?

근자에 어린이를 학대하는 부모가 급증하고 있다. 그 가운데는 성실한 부모도 있다. 이런 사람은 '최고의 부모가 되지 않으면 안 된다.'는 규범의식이 강하다. 이런 부모는 어쩌면 일체의 방자함이 금지된 가정에서 자랐을 것이다. 적어도 자유롭게 구김살 없이 자라지는 못했을 것이다.

이로 인하여 어린이의 방자함이 어머니의 그동안 억압되어 있는 욕구불만을 자극하게 된다. 그러나 아무리 자극이 되고 활성화가 되어도 평소 어머니를 두렵게 생각하고 있는 이상, 새삼 이를 의식한다는 것은 어려운 일이다. 그래서 어머니의 억압되어 있는 욕구가 발산, 부상하는 것을 막으려고 한 나머지 마음은 패닉 상태가 되고 만다. 이 경우에 어린이를 학대하는 것은 일종의 '자기방어'이다.

물론 이와 같은 것이 전적으로 억압으로부터 오는 욕구의 증대만이 그 원인이라고는 볼 수 없다. 이밖에도 원인이 있을 수 있을 것이다. 예컨대, 우울증에 걸리는 사람은 표면에 드러나지 않고 진력하는 가족 환경에서 성장해 온 경우를 생각해 보자. 실질적으로는 그 집을 떠받치고 있는 중심적인 역할을 하고 있으면서도 집안에서는 낮은 지위에 있는 경우가 있다.

이와 같은 생활을 본인도 속으로는 좋아할 리가 없다. 집에는 별로 도움을 주지도 못하면서 제멋대로 행동해도 이것이 묵인되고 가정에서의 지위가 보장되는 사람도 있다. 이런 경우는 당연히 미움을 사게 될 것이다. 그러나 미움이나 공격성 같은 것은 금지되고 있다는 것이 우울증을 만들게 되는 감정적 요인이다. 예컨대, 형제간 다툼의 금지 같은 것이다. 심적인 고통이나 이마의 주름살은 참는 사람에게 더 많이 생기게 된다.

일반적으로 잘못된 일의 영향은 억지로 무리하게 참는 사람에게 찾아온다. 가족 가운데 참는 사람과 제멋대로 사는 사람이 있다면 이와 같은 집단 구조에서는 마음의 장애가 있는 사람이 있기 마련이다. 예컨대, 참는 사람이 있는 것을 기회라고 생각하여 자기 하고 싶은 대로 하는 이기주의자도 있다. 이 점은 가족에 국한하지 않고, 심리적으로 병든 집단의 구조이다.

참을성이 있는 사람은 미움을 마음속으로 억압하면서도 흔연스럽게 지낼 수 있다. 이런 사람은 규범의식도 강하며, 가족을 먼저 생각하고 자신의 개인사를 나중에 생각하는 사람이다. 그러나 기쁜 마음으로 자신에 관한 일을 뒤로 하고 전체에 관한 일을 우선하는 것은 아니다. 부모와 가족을 먼저 생각한 윤리적이며 정신적 제동 장치인 '의지'가 가족을 위해 나를 제어한 것이다. '의지will'란 정신 기능의 제동 장치와 같으며, 해야 할 일의 촉진과 해서는 안 될 일의 억제를 맡고 있다는 것을 알아 둘 필요가 있다.

어렸을 때부터 가족 가운데서 참는 것이 강요되었던 사람은 어른이 된 후에도 집단생활에서의 적응 양식에서 비슷한 점을 보여 주게 된다. 이 점은 어려서부터 순종과 희생이 학습된 효과의 '전이 현상transference'이다. 이렇게 된 원인은 자기가 집단에서 받아들여지기 위해서는 종래의 생활 태도를 이어 가지 않으면 안 된다고 생각했기 때문이다. 어떻게 보면 자기멸시가 몸에 배어 있었기 때문이라고 볼 수도 있다. 이런 사람은 인간관계를 생각할 때도 위계질서 관계가 아니고서는 관계를 맺을 수 없다고 생각한다.

이 반대의 경우도 그렇다. 가족 가운데서 버릇없이 방자하게 성장한 사람은 어른이 되어서도 집단생활에서 이기주의자로 통하게 된다. 그래서 자기중심적인 방자함이 통하지 않을 때는 성질을 부려서 따돌림을 당하게 된다.

그래서 이기주의자는 사회생활에서 다양한 인간관계의 트러블을 일으키지만, 자신이 방자함을 억제하면서 성장한 사람은 비교적 공감적이며 원만하다. 그러나 어른이 되었는데도 심리적으로는 불안정한 상태 그대로 생활하게 된다. 그래서 심리적으로는 불안정한 상태에 있는 사람의 눈앞에 옛날에 사람을 힘들게 했던 것과 같은 자기중심적인 방자함이 나타나게 된다.

이럴 때는 자기가 지난날에 억압했던 '유아적 욕망'이 자극을 받게 된다. 그래서 이기적인 욕망이 활성화된다. 이럴 때 짜증이 나고 마음이 괴로운 것은 당연한 일이다. 그렇지만 그 욕망을 의식으로부터 배제하기 위해 노력하게 되며 그럴 때마다 심리적으로 패닉 상태가 되고 만다. 이렇게 되면 눈앞에 있는 어린이를 학대한다 해도 그것이 그렇게 이상하게 느껴지지도 않을 것이다.

▌ 억압이 해소되고 나서 비로소 하고 싶었던 것이 보인다

사람이 살다 보면 무슨 이유인지는 알 수 없지만 '저 사람에게 화가 난다.'고 할 때는 실은 자기가 하고 싶었지만 할 수 없었던 것을 저 사람이 먼저 하고 있는지도 모르겠다는 심리가 발동될 때가 있다.

이런 경우는 어렸을 때 성취하지 못함으로써 마음속에 억압하지 않으면 안 되었던 소원을 먼저 다른 사람이 성취했을 경우이다.

'왠지 모르지만 설마 ……'처럼 자신의 지난날을 돌이켜 보며 의심해 본다. 이것이 '참다운 나'를 발견하는 길(단서)이 되기도 한다. 예컨대, 어쩐지 어떤 사람들에게 심한 분노를 느낀다든가 이상하게도 짜증이 날 때는 자기 안에 남이 이루고자 하는 똑같은 욕망이 억압되어 있을 가능성이 있다. 짜증이 난다는 것은 매우 불유쾌한 정서적 체험이다. 이 가운데는 어쩌면 자신이 자기를 불유쾌하게 만들고 있는지도 모른다.

길 잃은 어린이가 되었을 때 불안하고 정서적으로 힘들게 되면 '누군가에 나 좀 데리고 가 주세요.'라고 말해도 좋을지 망설일 때가 있을 것이다. 이럴 때 불행하게도 인신매매에 걸려들게 되었다고 하자. 그래서 이 어린이의 인생은 착취의 대상이 되어 노예 같은 생활이 평생 지속될 경우도 있다.

사람은 어떤 감정을 억압하게 되면 그 감정에 사는 방식이나 느끼는 방식에 지배되고 만다. 그래서 적대시하는 마음을 억압하게 되면 그 마음에 인생이 지배되고 만다. 뿐만 아니라 노여움의 처치를 잘못함으로써 살아가는 방법을 그르치기도 한다.

그러나 억압이 해소됨으로써 비로소 자기가 진정으로 하고 싶었던 것이 보이게 된다. 요컨대, 억압을 제거하는 것이 '참 나'의 발견이며 자기실현의 시작이다. 이 억압이 제거되었을 때, 뇌 활동에 새로운 회로가 생기게 된다. 우리가 어떤 문제해결에서나 창의적인 발상을 위해 기존 아이디어를 자유롭게 변환하고 연결시킴으로써 참신하며 창조적인 아이디어 개발에 이로운 브레인스토밍brain storming이라는 과정을 체험할 때가 있다. 수학 문제든 자기 심리 문제든 무엇이든 두뇌를 짜낸 결과 '답을 얻었다.'고 할 때가 있다. 이렇듯 '발견의 감동eureka'을 체험할 때야말로 '진정한 나'의 발견이며 자기실현인 것이다.

한 어린이의 사례에서 엄마의 지나친 간섭 때문에 어린이는 '엄마가 싫어졌다.'는 것을 느끼게 되었다. 그런데 이상하게도 공부

해야겠다는 생각이 들었다. 이렇듯 심리적으로 억압을 '깨닫게 되면' 공부할 생각을 하게 된다. 그러나 무리를 하게 되면 자신에 대해서나 다른 사람에 대해서도 무관심해진다. 이 때문에 외부 세계에 대해서도 무관심해지게 된다. 뿐만 아니라 무리를 하게 되면 즐거운 일도, 기쁜 일도 느낄 수 없게 된다. 그리고 공부할 생각도 갖지 못하게 된다.

이런 점에서 사람은 자기 마음속에 억압되어 있는 감정을 토해 내면 목적도 분명해지고 기운을 차릴 수도 있으며 의욕도 살아나게 된다. '억압'은 두뇌 활동 에너지의 갈 곳을 저해하고 있다는 것을 명심할 필요가 있다.

정신분석 치료자로서 명성을 떨쳤던 프로이트의 치료 원리도 '무의식을 자각'하는 것이 정신장애를 치유하는 방법이라는 것은 주지의 사실이다. 다시 말해서 현실을 자각하고 환상을 극복하게 되면 인생과 대결할 수 있는 의지는 그 힘을 얻을 수 있다고 생각한 것이다.

3. 상황적 자기탐색을 하기 위하여

▌왜 자신에게 맞지 않는 직업을 선택했는가?

우리가 무언가를 할 때 그 일이 재미가 있고, 하면 할수록 의욕이 날 때가 있다. 이때의 자기가 '참 나'의 모습인 것이다. 또 사람들 가운데는 사람을 만나는 것이 재미가 있고 힘들지 않은 사람이 있는가 하면, 사람을 만나는 것이 힘들어서 가급적이면 사람을 응대하지 않고 할 수 있는 일자리에 가려고 하는 사람도 있다.

또는 그림 그리는 것이 좋아서 편지를 쓸 때면 내용에 걸맞은 간단한 그림을 빈 자리에 그려서 보내는 사람도 있다. 그것은 그림을 그리는 것이 편안하기 때문이다. 그러나 그림 그리는 것이 힘들어서 언어나 글만을 소통의 방식으로 사용하는 사람도 있다. 이렇듯 생각이나 적성에 따라서 똑같은 일도 취향이 다르고, 하고 난 결과에도 개인차가 있기 마련이다.

사람은 아무리 성공했다 해도 '참 나' '본래의 나'에 어울린 생활을 하며 직업을 갖고 있지 않으면 행복해질 수 없을 것이다. 이 점은 삶의 질을 위해서도 매우 중요한 의미가 된다.

대학 진학을 앞둔 고3 학생들의 경우, 누구나 한 번쯤은 학과 선택 때문에 고민하게 될 것이다. 그것은 장래의 직업 선택으로 이어지기 때문이다. 여기서 중요한 것은 먼저 자신에 대해서 아는 일이다. 자신의 현실적 능력(학력)과 잠재적 능력(지능·적성) 성격·건강 등을 알고 여기에 가장 잘 어울리는 학교·학과 등 현실적 상황을 충분히 검토해서 선택해야 할 것이다.

다음에 장래가 촉망되는 한 젊은 학생 B의 경우를 생각해 본다.

B는 고등학교를 졸업하고 자신의 현실적 학력과 앞으로의 학습 가능성을 충분히 고려해서 이에 적합한 전공 학과를 선택하여 대학에 진학했다. 그리고 성적 우수 장학생이 되기를 마음 먹었다. 그러나 현실은 자신이 생각했던 것처럼 쉽게 성취되는 것은 아니었다. 너무 기대 수준이 높았던 것이다.

자기가 선택한 학과라 할지라도 전 과목에서 A학점을 얻는다는 것이 쉽지 않았다. 성적은 지적 능력만으로 결정되는 것은 아니며, 학습태도, 능력, 노력, 방법이라는 기능 능력, 정서 상태라는 감정 능력 등에 의해서 얼마든지 달라질 수 있다. 대체로 너무도 성적에 대한 기대 수준이 높아서 부진할 경우에는 자신의 성적에 대해 지나치게 비판적으로 생각한 나머지 자신을 비관적으로 생각하여 성급하게 전공을 바꾸려는 생각을 하게 된다.

이런 사람은 다분히 자기 학과에는 우수한 학생이 많이 있다는 것을 인정하지도 않으려 하며 오로지 자신의 실패에 대해서만 후회하며 자신의 무능을 공격한 나머지 인생의 실패자가 된 것처럼 좌절하게 된다.

이러한 태도는 조금도 도움이 될 수 없다. 이때 필요한 것은 실패를 긍정적으로 받아들이는 '사고의 전환'이다. 우리에게는 생각과 마음을 바꾸면 인생의 명암을 달라지게 하는 '가능성 사고'가 있기 때문이다.

학생 B의 경우, 이 학생에게는 사고의 선택지가 없었던 것이다. B는 기계적인 기억중심 학습에서는 우수한 편이었지만 창의적인 문제해결 학습에서는 부족한 편이었다. 그렇지만 인내력으로 장해(실패)와 싸웠던 것이다.

무슨 일에 있어서나 잘못된 선택을 하고 나서 인내력으로 버티는 것은 현명한 방법은 아니며 버틸수록 수렁에 빠지기 마련이다. '인내력忍耐力'이란 선도 악도 아니다. 자신의 장점을 살릴 수 있는 바람직한 선택을 했을 경우에는 의미가 있지만 적성에 맞지 않는 선택을 했을 경우에는 실패와 상처만이 더욱 심화될 뿐이다.

B의 경우, 대학 졸업 후 대기업 S회사 연구부에 취직을 했다. 그는 아이디어는 분석할 수 있었지만 수리 해석은 부족한 편이었다. 때문에 상사를 만족시키는 데 필요한 정밀도가 부족했다.

B는 자신의 장점을 오인한 결과 결국 해고당하고 말았다. 즉, B가 하는 일은 능력에 적합한 일자리가 아니었던 것이다. 자기가 있어야 할 자리에서 일할 때 보람을 느낄 수가 있고 의욕적이어서 삶의 질을 높일 수 있다는 적재적소의 '배치placement'가 중요하다는 것을 체험한 것이다. 나무는 그 나무가 가장 잘 자랄 수 있는 곳에 심어졌을 때 튼튼하게 자랄 수 있다는 것을 명심할 필요가 있다. 이 원리는 인간 교육에도 적용된다.

▮ 자신 없는 것에서 승부를 걸어서는 안 된다

부모 가운데서 아버지(또는 어머니) 또는 두 사람이 다 높은 기준과 치열한 경쟁심을 통해서 성공한 가족은 대체로 자식에 대해서 매우 혹독한 상황을 만들어 주게 된다. 그래서 자녀들도 자신의 성공을 위해서 무리하게 욕심을 부려 요구 수준을 높게 설정하게 된다. 여기에 부모 또한 그들의 장점에 자신감을 주고 가족의 기대를 만족시켜 줄 수 있도록 뒷받침을 해 주게 된다.

그렇지만 부모 가운데는 시대적인 인기 직종에 매여서 자식이 잘하는 분야가 아니라 잘 못하는 영역에서 자신을 갖도록 지원해 결국 좌절만을 안겨 주고 마는 예도 허다하다. 이런 사람의 인생은 불행의 연속이 되고 만다.

당신은 자신의 장점이 무엇인지도 모르고 단점으로 승부를 내려고 하는지 냉철하게 되돌아볼 필요가 있다. 당신이 가장 영향받아서는 안 될 사람은 '당신의 단점'을 가치가 있다고 말해 주는 사람이다.

이런 사람과는 심리적으로 연관되어 있어서는 안 된다. 이는 당신의 제물을 훔치는 사람보다도 더 큰 해를 끼치는 사람이다. 결코 그 어떤 듣기 좋은 감언이설에 현혹되어서는 안 된다. 이 세상에는 귀가 여려서 남의 말에 속아 넘어가는 사람이 의외로 많다. 이런 사람은 초인적인 인내력으로 장애물과 싸웠다 해도 만족할 성취를 얻지 못할 것이다. '자기상실'이란 바로 자기 능력이나 적성에 맞지 않는 것에 도전했을 때 얻게 되는 실망이며 좌절이다.

▌매사에 소극적이며 자신을 못 갖는 사람의 문제점은?

사람에게는 저마다 '욕구성향'이라는 것이 있다. 그중에서도 대인욕구의 성향은 그 사람의 사고방식이나 만족체계에도 큰 영향을 주며 생활 유형 형성에도 결정적인 영향을 주게 된다. 다음 [그림 4-1] 도식은 대인욕구의 기본이 되는 분류도식이다.

이 도식은 여덟 가지 대인욕구를 2차원으로 연결시켜 만든 좌표상의 평면도처럼 배치시켰다. 횡축은 상대자에 대한 '긍정성'과 '부정성'의 관계이며, 기본적 욕구는 친화욕구와 거부욕구이다. 종축은 '지배'와 '복종'의 관계이며, 기본적 욕구는 지배욕구와 복종욕구이다. 각 사분면四分面의 네 가지 욕구(원조욕구, 의존욕구, 회피욕구, 공격욕구)는 이들의 기본적 욕구의 조합이라고 볼 수 있다. 상담에서 내담자 욕구의 배경과 방향을 진단할 때 도움이 될 도식이라고 본다.

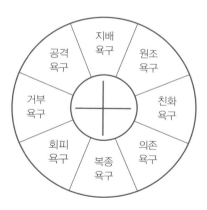

[그림 4-1] 대인욕구의 기본 분류도식

특히 사분면의 욕구에 관해서 상담할 경우에는 기본적 욕구와의 관계 또는 대극적인 욕구가 무엇이며 그것과의 관련성 유무를 이해하는 데도 도움이 될 것으로 본다.

내담자 가운데는 겁이 많아서 내일 내가 어떻게 될지 불안해하고, 친구의 교통사고사 소식만 들어도 그 충격 때문에 며칠씩 불면에 시달린 사람도 있다. 이는 의존의 욕구가 지나치게 심한 사람의 특징이다. 이런 사람은 자력보다는 남의 힘으로 자신을 지키려고 했기 때문에 그럴 수 있는 사람이 없어졌다는 것에 마음이 허전하여 불안과 공포를 만들어 준 것이다. 그러나 자립성을 키우고 나서는 그런 패닉 상태는 없어진 사례도 많다.

이런 사람은 긍정적인 자신의 기본 생활 자세를 지키며 담담한 마음으로 자신의 의견을 말하는 것에 마음을 씀으로써 두려움의 심리 상태에서 서서히 벗어날 수가 있다. 또한 자립성을 얻게 되면 문제에 부딪혀도 두려워하지 않으며, 해결방법을 구상할 정도로 마음의 여유를 가질 수 있게 된다.

그렇다면 불안의 신경증에 대해서는 어떻게 대응하는 것이 좋을까?

물론 그 대응은 구체적인 증상의 배후에 있는 심리적 문제에 대한 자기통찰을 촉진하는 치료적 상담이 기본이 되어야 하겠지만 본인의 노력도 따라야 한다.

무엇보다도 이때 필요한 것은 자신이 그동안 불안 · 피로 · 갈

등·억압·강박 등의 감정체험을 함으로써 노이로제가 될 수밖에 없었던 자신의 운명을 긍정적으로 받아들이는 용기이다.

독일 태생의 여류 정신 치료가인 프롬 라이히만Fromm-Reichman (1889~1957)은 우울증의 특징으로서 '열등감'과 '공허감'을 들고 있다. 그렇지만 '공허감에 시달리고 있기 때문에 당신은 참 나가 되기 전의 당신인 것이다.'라고 말했다. 참으로 울림을 주는 말이다. 예컨대, 식탁에서 귀하게 인정받고 있는 연근은 속이 비어 있기 때문에 연근인 것과도 같다.

때문에 '내 마음속에 공동이 생겨서 좀 좋지 않다.'고 하는 것을 긍정적으로 생각하면 된다. 이것이 운명을 받아들이는 태도이다. 요컨대, 운명에 어쩔 수가 없이 시달리는 태도가 아니라 운명을 받아들이고 인정하는 '인식의 개척자'로서의 운명을 사랑하는 태도가 필요하다.

노이로제를 겪는 사람은 노이로제가 될 이유가 있기에 노이로제를 겪고 있는 것이다. 우울증을 치르고 있는 사람은 우울증이 될 만한 이유가 있어서 우울증과 싸우고 있는 것이다. 그런데 노이로제나 우울증 때문에 고생하고 있는 사람들은 잘못된 가치관을 가지고 있는 경우가 많다. 인생에서 '훌륭한 것'이란 최선을 다하여 산다는 데 있다.

그렇지만 노이로제나 우울증과 싸우고 있는 사람은 '훌륭한 것'이란 엘리트 코스에 들어가는 데 있다고 잘못 인식하여 헛된 노력만 하고 있다는 것이 문제이다. 결과적으로는 쓸모없는 노력을 자신의 허용량 이상으로 소모하게 된다.

지금 이 시간에도 노이로제나 우울증으로 고통을 겪고 있으면서 유명 대학이나 유명 회사의 직함·지위·신분·칭호 따위가 자신에게 무슨 소용이 있단 말인가.

이런 타이틀을 얻기 위해서 얼마나 많은 사람이 자신과 남을 속였으며 무모한 노력을 했단 말인가. 허풍쟁이로 살아가는 데는 유명 대학이나 엘리트 코스가 도움은 될 것이다. 그러나 사느냐 죽느냐의 시련을 겪을 때, 허세로는 극복할 수 없다는 것을 명심할 필요가 있다. 허풍쟁이의 말로는 허무와 고독과 비참만이 찾아오게 된다.

행복한 사람은 고고孤高한 동양란의 꽃을 보고 그 자태와 향에 감동할 줄 안다. 그러나 우울한 사람은 자연의 우아함을 모른다. 행복한 사람은 가을비와 바람에 떨어진 은행잎 길을 걸어가면서 은행나무가 내게 황금의 융단을 깔아 주었다고 생각한다. 그리고 내가 살아 있기 때문에 이 자연의 선물을 받을 수 있다고 감사하게 생각한다.

행복이란 문제가 전혀 없다는 것을 뜻하는 것이 아니다. 문제가 있어도 문제를 대하는 마음가짐, 문제를 처리하는 심적인 에너지에 따라서 같은 처지도 행복하다고 생각하는 사람도 있고 불행하다고 생각하는 사람도 있다. 문제는 마음에 있다.

▍ 마음씨 고운 사람은 순간적으로 알 수는 없다

사람들 가운데 누군가는 사는 것에 지쳐서 질적으로 매우 좋지 않은 사람으로부터도 인정받기 위해서 자신의 인생을 희생시켜 가면서 살아왔을지도 모른다. 여기에다 마음씨 고운 사람에게 몹쓸 짓을 하면서 살아왔을지도 모른다.

마음씨 고운 사람이란 순간적으로는 알 수 없다. 그것은 자신의 주변에서 눈에 띄는 일보다 남이 모르는 가운데 좋은 일을 많이 하기 때문이다. 당신은 냉정한 이기주의자를 위해 표면에 나타내지 않고 열심히 살아가는 착한 사람에게 화내며 살아왔을지도 모르겠다.

사는 것에 지친 사람들 가운데는 착한 사람에게는 폭군이 되고, 질이 좋지 않은 사람에 대해서는 기꺼이 희생자 역을 맡는 매우 어리석은 계산을 하는 사람도 있을 수가 있다. 이런 사람은 이런 식으로 살기 때문에 이런 세계밖에 모른다. 때문에 착한 사람들의 진정한 세계는 모르게 된다. 가뭄이 극심해서 저수지의 물이 말라 갈 때 물고기가 최후에 가서 깨닫게 되는 것이 물이라고 한다.

성격적으로 의무감·책임감이 강한 집착적인 사람의 허영심은 교활한 사람이 볼 때는 봉으로 보인다. 이때 피를 빨고 싶은 모기가 다가온다. 그래서 허영심은 교활한 사람에게 이용만 당하게 된다. 오히려 모기가 다가오지 않는 것이 이상한 현상이다. 그래서 열심히 일해서 얻은 것을 교활한 사람에게 모두 속아서 잃어버리고 만다. 이런 사람은 불확실한 환상에 매달려서 확실한 것을 소홀히 하게 된다. 이로 인하여 중요한 것을 잘 못 보게 된다. 그래서 인생살이가 힘들다고 한다.

열등감이 심각할 때는 초조해서 서두른 나머지 일시적으로 치유해 주는 것을 찾는다. 모조품은 일시적인 효과는 있을지언정 그 효과는 오래가지 못하며 소멸되기 마련이다. 어리석은 사람이 중요시하고 있는 것은 소중한 것이 못 된다. 그렇지만 이것을 잃어버리게 되면 좋지 않다는 미신 같은 '암시'에 매여 있을 뿐이다. 잃어버린 쪽이 더 좋은 것에 매달려 왔다. 버리지 않으면 앞으로 나아가지 못하는 것에 매달릴 필요는 없다. 대담하게 미련 없이 버리는 것을 주저하지 말라.

▍왜 내가 싫어졌는가를 생각해 보자

사람에게는 자신이 생각도 해 보지 않는 자기가 있다. 그래서 흔히 '너는 더도 아니고 덜도 아닌 바로 너이면 된다.'고 말하지만, 이 말은 네가 되고자 하는 것이 본래의 자기가 아니면 의미가 없다는 말이다. 누구나 사람에게는 본래 타고난 자신만의 '특성'이 있기 때문에 그 특성대로 살아가는 것이 가장 자연스럽고 나다운 것이다. 그러나 자기가 자신의 특성을 싫어할 경우는 본연의 자기로서는 살아갈 수는 없을 것이다.

문제는 환경이 자신의 특성을 그렇게 만들었다는 데 있다. 자신이 살고 있는 사회의 문화적 풍토와 부모의 가치관 등이 그렇게 되도록 영향을 준 것이다. 중요한 것은 다시 한번 이 점을 진지하게 생각해 보는 일이다. 왜 나는 본래의 나의 특성을 싫어하게 되었는지에 대해서, 다양한 관점(수평적 차원과 수직적 차원)에서 생각해 볼 필요가 있다.

'진정한 나'로서 산다는 것은 '인생의 의미'를 알고 자신이 살아가는 길을 알고 있다는 것을 말한다. 때문에 자신이 살아가는 길을 발견한 사람은 어떤 비참함이나 역경도 극복할 수 있다. 인생의 의미에 대해서 고민한다고 하는 것도 정신적인 질환을 보여 주는 것이라고 보기보다는 오히려 그만큼 인생을 올바르게 살아가고 있음을 보여 주고 있는 것이다. 요컨대, 이 경우에 느끼게 되는 불안이나 고민은 정상적인 불안이며, 실존적 불안으로서 그만큼 정신적으로 성숙해 가는 불안이다.

대홍수로 인해 돼지 · 말 · 개가 헤엄칠 경우를 생각해 보자. 여기서 '진정한 나는 어디에 있는가?'라고 자기탐색을 해야 할 짐승은 돼지이다. 왜냐하면 똑같은 네발짐승이라 해도 돼지는 헤엄을 더 잘 치는 말이나 개와는 다르다는 자기를 모르기 때문이다. 자기가 돼지라는 것을 알고 있지 않으면 개가 헤엄치고 있는 것을 보고 헤엄칠 줄 모르는 자신이 비참해지기 때문이다. 결코 헤엄칠 줄 모른다는 것 자체가 비참한 것은 아니다.

사람들의 경우에도 이런 예가 허다하다. 우리 속담에는 뱁새가 황새 따라가려다 가랑이 째진다라는 말이 있다. 나는 내 분수를 알고 허영심에 매여서 무리를 하지 말아야 한다. 진정한 나란 자신의 장단점을 솔직하게 시인할 때 자기 안에서 발견하게 된다.

▌자기를 찾아낸 사람은 비참함을 잊는다

꾸밈이 없는 자신의 현실적 모습이 무엇인지를 알고 사는 사람은 무리를 하지 않기 때문에 살아가는 규모와 태도에 있어서 성실해서 사는 것이 욕되지 않고 지족불욕知足不辱인 것이다. 자기 분수를 알고 산다는 것은 참 좋은 인생의 교훈이다.

같은 직종 대기업의 중견 부장급이라 해도 노이로제가 되는 사람이 있는가 하면 항상 원기 왕성해서 의욕적인 사람도 있다. S회사의 K씨는 언제나 의욕적이며 활기에 넘쳐 있다. 그러나 같은 회사의 B씨는 노이로제 증후로 인하여 퇴직하고 말았다. 원기 왕성한 K씨는 나를 알고 하는 일에서 만족과 보람을 느끼기 때문에 항상 즐겁다. 때문에 허세나 열등의식 같은 것은 전혀 있을 수가 없다.

그러나 총무과장 B씨는 늘 자신의 처지를 못마땅하게 생각하는 편이다. 그 이유는 본사에 갈 때마다 자신의 능력에 대한 '인정의 욕구'가 충족되지 못하는 데 있었다. 이와는 달리 K씨는 상대가 자기를 상대해 주지 않는다는 것은 상대와 나의 세계가 다르기 때문이라고 생각하기 때문에 본사의 그런 일에 대해서는 문제 삼지를 않는다. 그래서 마음도 편하다.

이렇듯 똑같은 직장생활에서 B씨는 자기를 중심으로 세상사를 보기 때문에 하는 일마다 불만이 많아서 자신에 대해서도 짜증을 내며 받아들이지를 못한 것이다. 그러나 K씨는 자기가 하는 일에서 매일이 보람 있고 즐겁기 때문에 심리적으로나 사회적으로도 좌절이나 불만이 없다. 때문에 대인 관계도 원만해서 심리적 유대감도 강하다.

사람에게는 자기만의 각 영역의 특성도 있지만 자기만의 '그릇'의 크기가 있다. 이 그릇의 크기가 자기 분수이다. 예컨대, 지적 작업의 그릇의 크기가 '지능'이며 직종 수행의 그릇의 크기가 '적성'인 것이다. 그러나 욕심만 있고 분수를 모르는 사람은 자기 그릇의 크기도 모르고 맹목적으로 살 뿐이다. 이런 사람은 감사하는 마음보다는 불평불만으로 삶도 고달프다. 이것이 불행의 원인이 된다.

본래의 자기를 발견한 사람은 자신의 그릇의 크기를 알고, 그 그릇이 가득 차면 감사할 줄 알고 만족할 줄 아는 사람이다. 또한 이를 행복으로 받아들일 줄 아는 사람이다. 이런 사람은 설혹 실패가 있다 해도 이를 긍정적으로 받아들여 '사고의 전환'도 할 줄 안다. 예컨대, 실패의 경우도 '나의 실패는 내 인생의 패배나 절망을 의미하는 것이 아니라 단지 방법의 선택을 잘못했음'을 의미하며, 한 가지 문제해결 학습의 과정에서 일시적인 '시행착오'에 지나지 않으며, 무언가를 배웠다고 생각한다.

이렇듯 본래의 나를 발견할 수 있고 사고의 전환이 가능한 사람은 '인과론'(결정론)적인 설명보다는 '목적론'적인 관점에서 주체성과 자기 결단의 의지와 태도를 강조한다. 그래서 그릇의 크기보다는 자기만의 그릇에 차면은 만족스럽게 생각한다.

'진정한 나'를 발견하기 위해서

1. 장애가 되는 것은 왜곡된 가치관

(1) 적성에 대한 잘못된 가치관

▌뚜렷한 재능을 놓칠 수도 있다

한 사람의 재능은 평소의 자연스러운 생활에서도 잘 나타난다. 이 경우에 '적성'이란 어떤 과제나 작업을 효율적으로 수행할 수 있는 가능성을 나타내 주는 현재의 상태라고 본다. 한때는 한 과제에 대한 작업을 남보다 더 능률적이며, 우수한 성과를 거두었을 때 그 작업이나 활동에 적성이 있다고 보았다.

그러나 이와 같은 관점은 기능·성적만을 중시하고, 의욕이나 흥미·감정 같은 요인은 무시된 관점이다. 오늘날의 적성관에서는 사람과 작업과의 대응을 생각할 경우 그 기초가 되는 신체적·생리적·정신적 기능 면에서의 '적합성'을 검토할 뿐만 아니라 다음과 같은 특성을 가지고 있을 때도 적성이 있다고 본다.

- 가능성: 교육이나 훈련에 의해서 높은 수준에 도달했을 때
- 협조성: 협동 작업이 필요할 때 팀워크나 인간관계가 잘 유지되고 있을 때
- 감정적 안정: 강한 집념과 의욕을 가지고 적응이 가능할 때
- 개인적인 배경에 수반하는 여러 가지 요인의 적합성: 연령이나 경험, 학력이나 경력, 취미나 관심도, 가정 상태 등 그 사람의 배경에 스며 있는 다양한 요인 등이 문제해결이나 작업 수행에 통합적이며, 효과적인 조화를 이루고 있을 때

다음 사례는 한 대학 중퇴생 K군의 경우이다. K는 대학에서 컴퓨터를 전공하기 위해 입학하였으나 적응하지 못하여 자퇴하고 말았다. 이로 인해서 그는 부모를 실망시키고 말았다. 이랬던 K군은 어떤 과정을 거쳐 유명한 디자인 회사의 톱 수준에 해당하는 그래픽 아티스트가 되었을까?

K군의 어머니는 자식이 의기소침해서 완전히 기가 죽어 어두운 표정으로 집에 돌아왔을 때, 그동안 있었던 일을 생각해 보았다. K군은 성적도 좋은 편이 아니었다. 학교 성적은 C가 대부분이었다. 겨우 따라갈 정도였다. 그런가 하면 운동도 좋아하는 편은 아니었다. 친구들도 있기는 했지만 그저 보통이었다.

이렇듯 K군에게는 무엇 하나 자신 있는 과목도 없었다. 그러나 K군에게는 평소에 그를 눈여겨본 가족이 있었다. K군의 일상적인 취미 생활을 눈여겨본 그의 어머니가 있었던 것이다.

K군의 어머니는 자식의 지난날의 모습에 대해서 생각해 보았다. 어렸을 때부터 그 애는 레고 블럭부터 시작하여 모델을 만드는 것을 좋아했다. 다른 애들은 밖에서 공놀이를 하고 있어도 방에서 모델을 만들고 선반을 만들곤 했다. 그래서 선반은 모형으로 만든 비행기·공룡·전차·무섭게 생긴 동물로 꽉 채워지게 되었다. 그리고 벽은 그 애가 그린 그림으로 가득 차 있었다. 그렇지만 어머니 외의 가족 그 누구도 그 애의 이런 '취미'를 눈여겨보지 않았다.

'진정한 나는 어디에 있는가?'라고 고민하며 실의에 빠져 있을 때 해결에 도움을 준 사람은 가장 가까이 있는 사람이었다. 그러나 제 아무리 가까이 있어도 관심을 두지 않거나 왜곡된 가치관을 갖게 되면 눈에 보이는 재능조차도 놓치고 마는 이른바 눈을 뜨고도 못 보는 정신맹mental blind이 되고 만다. K군의 가족도 어머니 외에는 그런 사람들이었다.

▎완벽주의와 열등감을 극복한다

K군은 어머니로부터 힘을 얻어 그래픽 아트를 공부하기 위해 다시 지방의 전문대학으로 진학하였다. 그러나 바람직한 결정은 아니었다. K군은 너무도 실의에 빠져 있었고, 아직 실패의 상처가 아물지 않아서인지 마음의 문이 열려 있지 않아서 학교생활을 하는 데 마음이 내키지 않았다.

그렇지만 학교생활을 해 보니 이것이 장차 그래픽 디자이너나

일러스트레이터로서의 준비 교육인 것을 생각할 때 의욕이 나고 보람도 느껴서 재미가 있었다. 성적도 B+ 이하는 아니었다. 노력의 결과는 즐겁고 만족을 준다는 것을 알게 되었다. 여기서 K군은 어떤 이성적인 반성을 거친 것이 아니라 직접 체험한 있는 그대로, 본 그대로의 세계(현상학적 세계)를 체험한 것이다.

이 체험을 통해 K군은 희망을 준 자신의 적성을 발견하게 되었다. 기실 이 정도의 변화란 별로 대단한 것도 아니며 흔히 있을 수 있는 일처럼 보인다. 그렇지만 여기서 주의하지 않으면 안 될 점이 있다.

그 하나는 이미 앞에서 말한 바와 같이 어머니가 자식의 평소 생활을 관심을 가지고 보았다는 점이다. 단순히 보이니까 본 것이 아니라 목적을 가지고 K군의 소질을 이해하기 위하여 본 것이다. 일상적인 우연적 현상에서부터 근원적 현상으로서의 행동의 본질을 통찰한 것이다.

K군이 처음 그래픽 아트를 접하려고 했을 때는 그 나름의 용기와 결단이 필요했으며, 그래픽 아티스트가 된다는 것은 K군에게는 두렵게 느껴질 정도의 큰 모험이었다. 그래픽 아티스트는 제삼자가 볼 때 멋있고 매력 있는 직업처럼 보이지만 문제는 어디까지나 본인이 이를 어떻게 무슨 의미로 느끼고 있느냐에 있다.

상황적인 '자기탐색'일지라도 '진정한 나'를 만나기 위해서는 자신의 가치관이나 열등감 등도 극복하지 않으면 안 된다. 사람이란 지금까지와는 달랐던 가치관의 세계에 들어간다는 것이 두렵게 느껴지는 것은 당연한 일이다. 두렵다는 것은 새로운 분위기 속에 들어갔을 때 열등감을 넘어서지 않으면 안 되기 때문이다.

'자기탐색'의 장애가 되는 것 가운데서 중요한 것은 왜곡된 완벽주의와 심각한 열등감이다. 요컨대, 비뚤어진 가치관이다.

사람들 가운데는 자기가 생각해도 불합리하다는 생각이 마음을 차지하고 있어서 자기의지로는 이 생각을 막을 수가 없는 '강박관념obsession idea'에 매어 있는 사람도 있다. 누구나 한계가 있는 것을 무시하고 무슨 일에 있어서나 완벽하지 않으면 만족하지 않는 완벽주의자도 있다. 이런 사람의 마음 가운데는 강박적 성향이 내재하고 있어서 매사에 만족하지 않아 같은 행동을 몇 번이고 반복할 뿐만 아니라 그때마다 좌절감이나 열등감, 억울한 기분이나 고독감에 사로잡혀서 심한 신경증으로 발전하기도 한다.

『합리적 정서행동 치료법Rational Emotive Behavior Therapy』(2004)의 창안자 알버트 엘리스Albert Ellis(1913~2007)는 완벽증perfectionism이 '비이성적 신념irrational belief' 때문이라고 보아 이를 치료하기 위해 합리적 정서행동 치료법을 고안해 낸 것이다.

▌지나친 집착은 자기발견을 방해한다

사람은 누구나 자신의 욕구를 충족시켜 주는 대상이나 사태에 대해서는 바람직하고 유용한 것으로 생각하게 된다. 그렇지만 개인의 이런 주관적인 평가와 판단이 사회의 객관적 인식이나 판단 기준과 반드시 일치할 수는 없다. 때문에 개인의 주관적 가치는 사회적 여건의 객관적인 판단 기준과 일치하는 것이어야 한다. 즉, 주관적 가치는 '진리'라고 하는 객관적인 사실 판단의 기준, '공정'이라고 하는 '룰'의 기준, '선'이라고 하는 가치의 만족의 기준에 일치되는 것이어야 한다. 한 사람의 '가치관'도 이런 사회적 여건으로서의 판단 기준에 적응하고 '사회화'되어 감으로써 서서히 '내면화internalization'되어 간다.

그렇지만 사람에 따라서는 사회의 판단 기준을 무시하고 자기 주관적인 만족에만 갇혀 있는 사람도 있다. 이런 사람은 결코 '참 나'를 발견할 수 없는 사람이며, 왜곡된 가치관 속에서 자란 사람이다. 그리고 따돌림을 당해서 소외된 생활을 해 온 사람이다. 사람의 '고뇌' 가운데는 자기부재·자기기만으로부터 오는 고뇌와 자기의 적성에 반한 무리한 생활로부터 오는 고뇌도 있다.

'자기기만'이란 위선의 탈을 쓴 사람으로서 결과적으로는 남을 기만하게 된다. 때문에 자신에게도 무책임할 뿐만 아니라 이웃에게도 무책임한 사람이다.

감나무에 사과나무 꽃이 피었다고 하자. 그리고 나무껍질도 사과나무 껍질이라고 하자. 그렇지만 감나무는 감나무라는 사실에 만족을 못 한 것이다. 감나무는 자신이 사과나무가 아니라는 것을 알고 있기 때문이다. 그렇지만 사람들이 감나무가 사과나무보다 값이 떨어진다고 말하는 것이 두렵기 때문에 '나는 사과나무이다.'라고 또는 '너도 밤나무'라고 위선자 노릇을 함으로써 만족해한 것이다.

이런 사람은 곧잘 '소재식所在識'(자기가 시간적·공간적·사회적으로 어떤 위치에 있는가라는 존재의식)의 오류를 범하고 있으면서도 후안무치로 이를 자랑스러워한다. 그래서 감나무이면서도 사과나무 꽃을 피울 수 있다고 착각과 자만에 빠져 있는 감나무와 같다.

50, 60 연배의 여성이 20대 젊은 여성의 피부의 아름다움을 가지려고 피부 주사를 맞는 소행도, 유명 미녀의 얼굴을 닮으려고 성형수술을 하는 심리도 앞에서 말한 감나무의 처신과 똑같다. 요컨대, 이런 사람은 자기가 나이를 먹었다는 것을 인정한다는 것이 무서운 일이어서 이를 고통스러운 일로 생각한다. 사람들의 마음의 외로움에는 '자기부재'로부터 오는 괴로움과 분수를 모르고 적성과 능력에 반한 생활로부터 오는 괴로움이 있다.

자기탐색을 하려는 사람은 그릇된 만족에 대한 집착이나 허영과 위선에 매여도 안 되며, 분수를 모른 '행동의 자유'이기보다는 '양심의 자유', '가치 탐구의 자유'가 중요하다. 구박받으면서 살아온 사람, 비뚤어진 가치관 속에서 자란 사람, 이들에게 '진정한 나는 어디에 있는가?'라고 '나를 찾는다.'는 것은 무엇보다도 중요하다.

인간의 고뇌에는 자기 부제로부터 오는 고뇌와 자기 적성에 반한 생활로부터 오는 고뇌가 있다. '자기탐색'이 중요한 것은 자기 적성에 반한 생활을 하고 나서 고민하는 사람이다. 졸업 증서도 가치관이 바뀌면 단지 한 장의 종잇조각에 지나지 않는다. 괴로움도 자신의 분수에 맞지 않는 가치관에 대한 집착이 원인이다.

█ 어떤 방향으로 노력해야 할 것인가

고양이가 호랑이 흉내를 내며 산다고 할 경우에는 그 고통이란 말로 다 할 수 없을 정도로 클 것이다. '본래 타고난 나'가 아닌 나가 되려고 하는 노력도 분명히 고통스러울 일이다.

만약 집에서 아버지가 직감력이 탁월한 아들에게 '논리 선행형'의 생활방식을 강조한다면 아들은 사는 것이 매우 고통스러울 것이다. 이런 상태를 그대로 둔다면 아무리 노력한다 해도 불행하게 될 뿐이다. 이는 '지각과 사고'가 아직 분리되어 있지 않고, 지각이 사고를 지배하는 시기(4~6, 7세)에서 볼 수 있는 '직관적 사고'의 어린이에게 '가역적可逆的인 사고'나 '논리적 사고'를 요구하는 것과도 같다.

누구나 이런 상태에 처하게 되면 아무리 노력해도 불행하게 되고 자기 불신만 커져서 고통스럽고 힘만 들 뿐이다. 이런 사람은 성공하여 엘리트 코스를 달리고 있다 해도 겨우 살아가기 때문에 지치게 된다. 이와 같은 고통을 체험하고 있는 사람은 이유를 불문하고 '노력'하고 있다고 하는 점에 특징이 있다. 마치 고양이가 호랑이가 되지 않으면 살 가치가 없다고 생각하여 호랑이로 변하려고 필사적인 노력을 하는 것과도 같다.

이런 노력은 그 방향이 잘못된 것이다. 때문에 아무리 노력하고 노력해도 마음만 괴로울 뿐인 것이다. 왜냐하면 노력의 대가가 자기확실감으로 와닿지도 않으며, 노력한 만큼 만족도 얻지 못하기 때문이다. 오히려 무언가 잘못되고 있다는 것을 느끼게 된다. 그래서 자기가 살고 있는 방식은 어딘가에 잘못되고 있는 것이 아닌가라고 생각해 보게 된다.

어려서부터 한눈팔지 않고 열심히 살아왔으며, 시험공부도 열심히 했다. 그래서 일류 대학을 졸업하여 S 대기업에 입사하여 순조롭게 중견 간부에 이르기까지 살아왔다. 그렇지만 한편으로는 무언가 살아 있다는 것이 괴롭고 무엇을 해도 즐거운 것이 없으며, 얻고자 하는 것을 얻었는데도 저주받고 있는 기분이 드는 경우도 있다. 이 점은 대기업에서 성공한 실업가에서 볼 수 있는 우울증과도 같다.

이와 같은 피나는 노력 끝에 '진정한 나는 어디에 있는가?'라고 번민하게 된다. 그렇지만 자기에게 적합한 살아가는 방식을 모르기 때문에 이를 찾으려고 필사적으로 노력하게 된다. 이런 사람들이 해 온 노력은 대부분 자기 부정적인 노력이었다. 그 원인은 노력 그 자체가 틀려서가 아니라 노력의 방향이 잘못되어 있기 때문이다.

이런 사람에게도 원래는 '이렇게 하면 결과는 만족스러울 것이다.'라고 하는 기대가 있었을지도 모른다. 요컨대, 장사를 하면 즐겁다든가, 혼자 공부하고 있을 때가 가장 즐겁다 등 그런 일이 있었는지도 모르겠다.

그렇지만 '그런 것들은 가치가 없다.'고 배웠다고 하자. 이런 사람에게 '있는 사실 그대로의 자기'이면 좋다고 말하는 것은 옳은 일이다. 그러나 단순히 욕망만 비대해진 게으름뱅이에게 '있는 사실대로의 자기'면 된다고 말하는 것은 잘못된 것이다.

▌괴로운 나날을 체험한 사람은 '있는 사실 그대로의 자기'면 된다

간사하고 남을 괴롭히고 시기하는 매우 비인간적인 심술을 가지고 사는 사람들이 있다. 남을 시기하고 깎아내리는 심술은 여러 가지 면에서 매우 교활한 심보이다. 간사하고 남을 속여서 욕심을 채우려는 질투심이야말로 옛날 같으면 가정 윤리의 하나였던 '칠거지악七去之惡' 가운데 하나의 허물로 들어가 있는 간악奸惡한 행실이다.

그렇다면 사람은 왜 질투를 하는 것일까?

첫째, 상대가 자기는 하지 못한 일을 할 수 있을 경우이다. 또는 자기가 가지고 싶은 것을 다른 사람이 먼저 가지고 있을 경우이다. 요컨대, 능력의 열등감에서 나오는 경우이다. 어떤 사람은 질투란 그 속성으로 보아 악마에 가장 잘 어울린다고 보는 사람도 있다. 왜냐하면 질투는 간사하고 꾀를 부려서 착한 것을 해치는 어두운 심술이기 때문이다. 이런 점에서 구박이나 질투는 일종의 착취 행위나 다름이 없다.

둘째, 약자를 구박하는 학대의 심리이다. 예컨대, 강자가 약자를, 부모가 자녀를, 가진 자가 없는 자를 들볶고 못살게 구는 경우이다. 때로는 부모가 어린애를 향해서 이 두 가지 방법을 쓰는 경우도 있다.

이렇듯 구박받고 착취당해 죽게 된 사람에게 '있는 그대로의 자기'면 된다고 말하는 것은 잘못된 일은 아니다. 즉, 심리적으로 곤경에 처한 사람에게 '있는 그대로의 자기'면 된다는 것은 꾸밈없는 현실적인 자기 모습 그대로를 직시하라는 것이다. 질투하고 학대하는 사람에게 '있는 그대로의 자기'이면 좋다는 것은 아니다.

요컨대, 괴롭힘을 당해 온 사람에게 '있는 그대로의 자기'면 된다고 말하는 것은 옳은 일이다. 그렇지만 별로 괴롭힘을 당한 일이 없는데도, 즉 자기부정이 강요되어 살아온 것이 아닌데도 '진정한 나는 어디에 있는가'라고 고민하는 것은 잘못된 것이다. 이런 사람은 자기변혁·자기형성의 노력을 시작하지 않으면 안 된다. 요컨대, '진정한 나는 어디에 있는가'라고 고민해도 좋은 사람은 다음과 같은 사람이다.

오랫동안 노력에 노력을 거듭해서 살아온 사람, 철저하게 착취당하면서 살아온 사람, 남들의 부담까지 떠맡겨져서 살아온 사람, 그리고 괴롭힘을 당하며 살아온 사람, 편리하게 주위 사람들로부터 이용당하면서 살아온 사람 등이다.

자신은 주위 사람 누구보다도 열심히 살아왔으며, 누구보다도 돈을 벌어 왔다. 그렇지만 주위 사람 누구보다도 가난하며, 누구보다도 무거운 부담을 짊어지고 살아왔다. 그래서 누구보다도 지위가 낮다든가 하는 그런 사람이 '진정한 나는 어디에 있는가'라고 고민하는 것은 바람직한 일이다. 예컨대, 오랫동안 필사적으로 일해서 부모 형제의 부채를 갚아 온 사람이 '진정한 나는 어디에 있는가'라고 고민하는 것도 의미 있는 일이다.

그렇지만 오랫동안 인생의 어둡고 힘든 생활을 체험해 보지도 않은 사람이 '진정한 나는 어디에 있는가'라고 고민하는 것은 도리에 어긋난 일이다. 도리에 어긋난다는 것은 이런 식으로 고민하는 것은 백날을 두고 해도 행복해질 수 없다는 뜻이다. 이런 사람들이 살아가는 것에서 왠지 모르게 괴롭고 고통스러운 것은 다른 데 원인이 있기 때문이다.

▌ 자기탐색이 필요한 사람, 자기형성이 필요한 사람

오랫동안의 고통스러운 나날의 노력이란 구체적으로 말하자면 누구보다도 빨리 출근을 해서, 누구보다도 늦게까지 일했지만 회사에서는 승진도 안 된다든가, 형제들 가운데서는 누구보다도 싫고 궂은일을 도맡아 왔지만 부모로부터 인정을 받지 못하고 있다든가, 누구보다도 수업 시간에 한눈팔지 않고 열심히 공부했지만 선생으로부터 응분의 인정을 받지 못하고 있다든가, 기실 다른 사람이 하고 싶지 않은 일을 누구보다도 열심히 일했지만 봉급에는 전혀 반영되지 못한 채 살아온 사람일 것이다.

10년이고 20년이고 불평 한마디 하지 않고 오직 묵묵히 모든 사람이 싫어하는 일을 지속적으로 해 오며 살아왔다는 것을 체험한 끝에 '진정한 나는 어디에 있는가'라고 고민하는 것은 의미가 있다.

이런 사람은 '진정한 나'가 아닌 나로서 살고 있는 것이다. 그저 교활한 주위 사람들에게 이용하기 편리한 사람으로서 살아온 사람이다. 이런 사람들이란 주위 사람들이 단물을 빨기 위한 봉으로서 살고 있는 것이다. 이렇듯 노력은 했지만 인정받지 못한 사람, 이용당한 사람이 '진정한 나는 어디에 있는가'라고 고민하는 것은 의미가 있는 일이다. 빨리 '자기'에 눈을 떠야 하기 때문이다.

진실해서 의무감 · 책임감이 강한 어수룩한 호인형의 노력가는 주위 사람들에게는 이용 가치가 있다. 때문에 주위 사람들에게 있어서는 이런 어수룩한 무골호인이 '진정한 자기'에 생각이 미치게 되는 것은 난처한 일이다. 만약 이런 사람이 '진정한 자기'를 깨닫게 되면 이런 사람으로부터 놀면서도 남의 이익을 자기 것으로 가로챌 수는 없게 될 것이기 때문이다. 이런 사람이 '진정한 나는 어디에 있는가'에 대해 고민하며 주위 사람들로부터 떠나는 것은 참으로 바람직한 일이다.

그러나 근자에는 사회 부담이나 복지 혜택으로 살고 있는 사람들이 '진정한 나는 어디에 있는가'에 대해서 고민하게 되는 경우도 생겼다. 이런 사람들의 고민은 욕망이 비대화된 결과의 고민에 지나지 않는다. 좀 더 편안하게 살기 위해 혜택을 받는 길이 무엇인가에 대한 고민일 것이다. 심지어는 원조기관으로부터 보조를 더 받아 이익을 챙기기 위하여 자신을 속이는 사람도 있다. 이런 사람들의 고민은 욕망이 비대화된 결과의 고민에 지나지 않는다. 이는 '실존적인 자기의 부재'로부터 오는 고민이다. 이런 사람에게는 본디부터 자기가 없었다.

이런 사람이 하지 않으면 안 될 일은 '자기탐색'의 노력이 아니라 몸과 마음을 닦는 '자기형성(자기도야自己陶冶)'의 노력이다. 요컨대, '진정한 나는 어디에 있는가'라며 '진정한 나'를 찾고 있는 사람과 '진정한 나는 어디에 있는가'를 찾는 일이 아니라 처음부터 다시 '자기형성'을 시작하는 것이 필요한 사람이 있다. 남을 이용해서 자기이익만을 추구하는 교활한 자는 후자에 속한다.

(2) 성격에 대한 왜곡된 가치관

무릇 사람에게는 그 사람만의 행동 양식의 '일관성'이 있어서, 환경에 대처하는 방식에서 그 사람에게서만 볼 수 있는 '정형화定型化'된 특징의 '행동경향성'이라는 것이 있다. 우리는 이를 '성격'이라고 한다. 때문에 성격에서는 그 사람 특유의 행동 양식을 규정짓는 감성적·의지적인 특성이 강조되고 있다는 점에서 이는 '그 사람다움(인성)'을 보여 주는 중심 개념이라고도 볼 수 있다.

이와 같은 관점에서 성격에는 그 사람만의 가치관과도 밀접한 관계가 있다. 만약 성격에 대한 가치관이 왜곡되어 있다면 이런 사람은 '진정한 나'는 발견하기가 어려울 것이다.

흔히 우리는 '마음의 짐을 내려놓으면 극락세계가 보인다.'는 선문답 같은 말을 듣게 된다. 이 말은 자신의 약점을 받아들이게 되면 자신의 약점에 대처할 수 있는 길이 보인다는 뜻일 것이다.

우리가 생각을 전환시켜 보면 반드시 약점이 나쁜 것만은 아니다. '약점=악'은 아니다. 반대로 장점이 반드시 좋은 것만도 아니다. 약점은 약점, 장점은 장점, 장점이나 약점도 그것은 단순한 하나의 잠정적인 사실에 지나지 않으며 결론은 아니다. 이렇게 이해할 수 있는 사람은 '진정한 자기'를 이해하는 데 도움이 된다.

우리가 일상생활에서 단점이라고 생각하고 있는 것도 발상을 전환시키면 장점을 발견할 수가 있다. 이런 점에서 단점이라고 생각하고 있는 자신의 성격도 생각을 바꾸면 장점이 될 수도 있다. 이 장·단점도 말하자면 동전의 앞뒤와 같은 경우가 많다. 〈표 5-1〉을 참고하기 바란다.

이상과 같은 전환적 사고는 그 사람의 성격과도 상관이 있다. 신경이 과민한 '신경증적 성격neurotic personality'의 경우를 생각해 보자. 신경증적 성격은 심신 변화에 민감해서 이를 마음에 두고 걱정하기 쉬운 성격이다. 예컨대, 가끔 공부를 너무 해서 머리가 좀 무거울 때면 내가 고혈압으로 빨리 죽는 것이 아닐까 하는 불안과 염려 때문에 정신적으로 지쳐 있기 마련이다.

때문에 항상 자기 자신에게만 관심을 갖게 되어 남에 대한 배려를 하지 못한다. 그래서 자기중심적이며 완고하다. 주위 사람들이 '그럴 리가 없다.'고 설득해도 쉽게 납득하지 못한다. '알고는 있지만 그렇게 생각을 안 하려고 해도 걱정이 된다.'고 변명하

〈표 5-1〉 단점을 장점으로 전환시켰을 때의 의미

단점	장점
급한 성질	생각을 거침없이 표현할 수 있다.
어두운 성격	침착하다.
우유부단	경솔하게 결정하지 않는다.
인내심이 없다.	변환이 빠르다.
집중력이 없다.	다중 작업multi-task이 가능하다.
뽐낸다.	지도력이 있다.
완고하다.	신념이 강하다.
기운이 없다.	충전 중이다.
아니라고 못한다.	상대에 관용하다.
말주변이 없다.	상대의 말에 응답하면서 요지를 잘 이해한다.
독립성이 부족하다.	우호적이다.
건방지다.	의지를 관철한다.
수다스럽다.	정보 전달력이 있다.

는 성격이다. 너무 소심해서 돌다리를 두드리고 나서도 건너가지 못하는 성격이다. 이른바 강박적인 성격이다.

돌다리의 안전성을 충분히 점검했음에도 '1%의 위험 확률로 떨어지면 어떻게 하나.' 만일의 경우를 생각하여 불안해서 건너가지를 못한다. 너무 자기 보신적이며 꼼꼼해서 완벽주의적이다. 융통성도 없고 임기응변의 태도를 취하지 못한다.

뿐만 아니라 신경증적 자존심이 높아서 허영심도 강하고 체면을 중시하며, 좌절이나 실패는 절대로 용납하지 못한다. 그래서 자기 자신의 있는 사실 그대로를 남에게 보여 주지를 못한다.

2. 사람은 왜 자신의 약점을 인정하지 못하는
   것일까

　자기 약점을 인정하지 못하는 대부분의 경우는 다른 사람이 자신의 약점을 어떻게 생각할 것인가를 두렵게 생각하기 때문이다. 요컨대, 상대가 자신의 약점을 보고 나를 낮게 평가할 것이라고 지레짐작을 하기 때문이다. 그래서 약점을 인정하지도 않으며 받아들이기는커녕 허세를 부리게 된다.

　이런 사람은 어려서부터 사람들의 마음에 들도록 하기 위해서 치른 '무의식 영역의 대가'가 너무도 컸을 것으로 생각한다. 그렇지만 그 대가의 구체적인 내용이 무엇이었는지 자신도 잘 알지 못하고 있다. 사람들에게 호감만 사려 했고, 인정받는 일, 얼굴 표정이나 외모에만 신경을 쓴 나머지, 결과적으로 자신도 자기를 알 수 없게 된다. 이로 인해 '진정한 나는 어디에 있는가?' 하며 방황하게 된다.

　사람들 가운데는 '적성' 때문이든 '성격' 때문이든 자기 편의에 따라서 마땅히 ……이어야 한다.'라는 당위적인 가치관 때문에 고민하는 사람도 많이 있다. 이렇듯 자기 나름의 주관적이며 굳어진 '강박관념의 폭군'에 지배되고 있는 상태를 여류 정신분석학자 카렌 호나이_{Karen Horney}(1885~1952)는 '신경증'이라고 하였다.[1]

호나이에 의하면, 인간 행동의 기저에는 '기본적 불안'(무력감·고립감·적대감을 포함한 감정)이라는 것이 있기 때문에 이것이 신경증을 만들게 되는 필요 인자로 보았다. 그리고 신경증의 행동 특징으로서 '강박성'과 '완고성'을 들었다.

그러나 인간에는 진화, 성장할 수 있는 가능성이 있고, 잠재력을 실현하며 본래의 자기를 실현하려는 충동성이 있기 때문에 호나이는 이를 '진실된 자기'라고 보았다. 이 '진실된 자기'와 비현실적이며 잘못된 자기 사이에서 일어나는 갈등이야말로 모든 신경증의 핵심이라는 것을 지적했다.[2]

일상적인 생활에서도 볼 수 있는 폭군 같은 강박적인 생활 태도란 인생을 올바르게 살아가는 데 결코 바람직한 것은 못된다. 왜 사람은 '강박관념'이라고 하는 가치관에 지배되고 마는 것일까? 그것은 '진정한 자기'를 발견하지 못하고 있기 때문이며, 내가 나로서 열정적으로 살지 못하고 있기 때문이다.

요컨대, '진정한 자기'가 발견되고 있지 않다는 것과 '강박적인 관념'이라는 폭군 같은 왜곡된 가치관과 악순환의 관계에 있는

1) K. Horney, *The Neurotic Personality of Our Time*, New York: Norton, 1937.
2) K. Horney, *Neurosis and Human Growth*, New York: Norton, 1950.

것이다. 이 악순환의 관계를 끊는 데 필요한 것이 다음에 설명할 '마음에 드는 일에 집중한다.'는 것이다.

3. 마음에 드는 일에 집중한다

▮ 가장 적합한 일을 찾는 방법

누구에게나 자신에게 가장 적합한 직종을 발견하는 일은 매우 중요하다. 이 문제를 논함에 있어서 무엇보다도 중심 문제는 '인간 중심의 적성' 문제라고 볼 수 있다.

일반적인 관행으로 볼 때, 흔히 직업 선택이라고 하면 직업의 요건에 사람을 맞추는 식의 직업 적성의 문제로 보아 왔다. 이 점은 인력의 능률이나 조직의 효율만을 중심으로 생각한 관점이며, '인간 중심의 적성'이라는 관점에서 볼 때는 문제를 지적할 수가 있다.

우리는 지금 4차 산업혁명의 과정에서, 인공지능 윤리의식 코드화니, 알고리즘 윤리헌장 등 인간의 존엄성에 대한 관심이 높아 가고 있는 와중에서 살고 있다. 산업사회가 고도로 발달하게 되면 자연·생태계 파괴와 산업공해로 인간이 치러야 할 피해가 우려된다.

또한 직업·직장에서는 업무의 단조로움과 관리 과잉 등이 가져다주는 정신적 스트레스 때문에 직장 생활에서 만족을 느끼지 못할 것이다. 이런 점에서 직장을 선택할 경우에는 그 직장이 얼마나 '사람의 마음을 잘 이해한 경영관리eupsychian management'를 하는 곳인가를 알고 선택해야 할 것이다. 요컨대, 경영관리의 스타일을 알고 들어가는 것이 중요하다.

'유사이키아eupsychia'(모든 사람이 정신적 건강과 자기실현을 꾀하는 사회)란, 인간의 인간다움을 추구하며, 인간을 이해하여 인간의 성장과 행복을 위해 공헌할 수 있는 인간 과학으로서의 인본주의 심리학의 개척자 중 한 사람이었던 에이브러햄 매슬로 Abraham H. Maslow(1908~1970)에 의해 이상적인 인간 중심의 사회와 공동체를 표현하기 위해 사용한 용어였다.

그는 심리적으로 건강한 자기실현적 개인의 공동체에 의해서 이상 사회를 만들 수 있다고 생각한 것이다. 또한 좋은 사회와 좋은 사람 사이에는 신뢰와 사랑의 피드백이 일어나서 서로가 서로를 필요하게 된다고 말하였다.[3]

매우 바람직한 기업풍토의 이론이다. 그것은 권위주의적 기업 경영보다는 유사이키아식 경영관리가 일하는 사람의 창조성과 생산성을 키워 줄 수가 있기 때문이다. 그리고 경영자의 감독 제한이나 통제가 아니라 지지와 격려라는 계발적 방법이 인간 중심의 적성을 키워 주며 집단의 응집성과 생산성을 높여 줄 수가 있다.

---

3) A. H. Maslow, *The feather reaches of human nature*, New York: Viking Press p. 19.

▮ 자신 없는 일에 버티는 것은 만족을 얻지 못한다

누군가 당신의 무언가에 대해서 '약점'을 말하는 것은 기실은 그들 자신의 어떤 기대 때문이다. 그들은 잘할 수 있지만 당신은 잘할 수 없는 것을 잘해 주기를 바라는 경우이다. 또한 사람이 타고난 재능에 따라 대인 관계를 맺기보다는 타인의 기대에 부응해 주기를 바라는 경우이다. 그래서 피차간에 자존심도 재능도 전혀 생각할 수 없게 만들고 만다. 이런 사람은 누군가의 '약점'을 자신의 '기대 충족'을 위해서 이용하려고 하는 사람이다. 좀 심술궂은 사람이다.

그러나 만약 당신이 가장 자기답게 처신하며 자신의 재능을 사실대로 인정하게 되면, 당신은 자신의 자존감을 키워감과 동시에 사람들을 위해 헌신할 수 있게 될 것이다. 그렇지 않으면 그 심술궂은 사람들이 그들의 기분만을 만족시키기 위하여 당신에게 달라지라고 말했을 때 당신은 그들이 말하는 것을 믿어 버리게 될 것이다. 이 경우에 우리가 명심할 것이 하나 있다면 그것은 진정한 자기 자신으로 존재함으로써 최고의 자기가 된다는 것이다. 왜냐하면 당신이라는 사람은 이 세상에 오직 당신 한 사람뿐이기 때문이다.

다음은 작업장에서 자신의 장점을 발견하게 되는 경우이다. 누구나 작업장에서 일을 할 경우에는 크고 작은 문제의 벽에 부딪히게 될 때가 있다. 이 경우에 참고 넘어서야 할 벽인지, 다른 길로 나아가라는 의미의 벽인지를 생각하게 된다. 이때 다른 길로 나아가라는 의미의 벽이라면 그것은 자신의 장점을 발견할 수 있는 기회를 준 벽인 것이다.

　한 중소기업에서 일한 바 있는 Y씨의 경우, 자신도 없는 일에서 무리를 해 가면서 참고 버텼지만 자신의 장점도 발견되지도 않았으며 최선을 다했지만 평균적인 결과밖에 얻지 못했음을 말한 바 있다. 그러나 이 회사 사장에 의하면 종업원의 두뇌 유형의 장점을 발견해서 여기에 어울리는 일을 하게 함으로써 훌륭한 성과를 거두었을 뿐만 아니라, 일에 재미를 붙이게 되었고 작업의 질도 향상되었다고 한다.

　그러나 윗사람이라는 권위만으로 '너의 결함은 이것이다.'라고 말하게 되면 결과는 실망적이었다는 것이다. 이보다는 공감과 믿음을 줄 수 있는 사람으로부터 '네가 갈 길은 이 길이다.'라고 말해 주었을 경우에는 보다 효과적이었다는 것이다. 사람은 사람과 사람과의 인간적인 마음의 유대를 맺게 할 때 비로소 자기가 나아갈 길을 발견하게 된다는 것이다.

　성인군자가 아닌 일반 사람들이란 마음에 드는 사람도 있고 싫은 사람도 있기 마련이다. 그렇지만 나에게 영향을 주는 너, 너에게 영향을 주는 나의 인간적인 '만남'과 마음과 마음의 '교류'를 통해서 나를 알고 너를 이해함으로써 서로가 충실해지고 '나다움'을 일깨워 주게 된다.

다음 사례를 생각해 보자.

　고1의 형이 중2의 동생에게 우산을 선물했다. 다음날 비가 왔기 때문에 동생은 그 우산을 쓰고 학교에 갔다. 그런데 동생은 귀가 시간이 되었는데도 돌아오지를 않았다. 10시 무렵에야 가까스로 돌아왔을 때 손에는 우산은 없고 온몸은 흠뻑 젖어 있었다. "어떻게 된 것이냐"라고 물었더니 동생은 "책방에서 책을 좀 보고 있는 사이에 누군가가 가지고 간 것 같다."고 말하였다.
　형은 "멍하니 살지 말고 수업이 끝나면 망설이지 않고 바로 귀가했어야지. 그렇지 않았기 때문에 이런 일을 겪게 된 거야!"라고 꾸짖었을 때 동생은 이렇게 말하는 것이었다. "비록 나는 비에 젖었지만 그 덕분에 다른 누군가는 비를 맞지 않았다." 이 말을 들은 순간 형은 동생에 대한 생각, 자신의 인생에 대한 관점까지도 일변하였다.
　이렇듯 사람의 '만남'의 내용이나 깊이는 다양하다. 그러나 만남의 깊이나 내용은 결코 의도적으로 만들어지는 것은 아니며 '나와 너'의 인간적인 만남과 대화의 깊이에 따라서 어느 날 갑자기 '신의 은총'과도 같이 우리 곁을 찾아와서 존재의 근저부터 흔들어 놓기도 한다.

4. 순수한 나로서 대화한다

우리에게 언어가 있다는 것은 대화와 소통 없이는 살아갈 수가 없음을 말해 준다. 그래서 우리는 하루에도 수많은 대화를 하게 된다. 그것은 대화 속에 소통이 있으며, 살아갈 길이 있고, 문제 해결의 길이 있기 때문이다.

우리는 '나와 너'의 관계에서 '너'를 떠난 '이성적 자아'와 같은 것이 아니라 인간 존재의 근원적 사실인 자연 · 인간 · 정신적 존재와의 관계에서 '너'를 만나게 된다. 즉, 주관과 객관 '사이', 나와 너 '사이', 정신과 물체 '사이', 본질과 사실(또는 허구와 현실) '사이', 존재와 무 '사이'처럼 철학의 전통적인 이원론을 극복하기 위해 착안한 것도 이 '사이(간間 Zwischen)'였다.

다행히 우리말 가운데는 서구 사회의 인간개념(anthropos, homo)에는 없는 사이 간(인간의 간間)이라는 심오한 뜻이 그 정의 속에 내포되어 있음을 생각할 때, '관계'나 '사람과 사람과의 사이'의 '간'이라는 것이 인간에게 있어서 얼마나 본질적인 의미가 있는 것인가를 쉽게 이해할 수 있을 것이다. 참으로 '대화'는 사람과 사람 사이의 '학學'으로서, '나와 너'의 실체 간間의 '윤리학'의 대상이기도 하다.

순수한 대화의 관계는 상호성이다. 즉, 내가 나의 '너'에게 영향을 주듯이 나의 '너'는 나에게 영향을 주게 된다. 때문에 교수는 학생으로부터 가르침을 받을 수도 있고, 어른이 어린이나 동물로부터 영향을 받을 수도 있다. 이렇듯 '나'는 나 아닌 너로 인하여 '나'가 된다. 그러나 나 없이는 결코 이루어질 수 없다. 모든 참된 삶은 '나와 너'의 참된 만남에서부터 시작된다. 그 결과 '참 나'로서 대화를 할 수가 있다.

그러나 내가 너를 나의 '너'로서 대하는 만남이 아닐 때는 대화가 있다 해도 피상적이어서 진실과 감성이 담긴 대화가 되지 못한다. 때문에 마음으로부터 누리는 기쁨이나 슬픔도 없는 매우 무미건조한 대화가 되고 만다. 이런 사람의 만남이나 대화는 현재라는 '시간' 안에 있는 것도 아니며, 시간이 만남이나 대화 속에 있다는 것도 알지 못한다. 그래서 살고 나서 후회하고 고민하게 된다.

다음은 솔직한 나로서 대화하지 못했을 때의 결과이다.

내가 걸어온 길은 돌다리라고 생각했는데 돌다리는 아니었다.
이때 '진정한 나는 어디에 있는가'라고 고민한다.
이때 '진정한 나'를 찾게 된다.
유명해지면 행복은 찾아올 줄 알았는데 불행의 시작이었다.
풀솜인 줄 알았던 이부자리는 알고 보니 볏짚이었다.
비단 이불인 줄 알았더니 돗자리였다.

이런 잘못을 깨닫기 위해서는 나의 너가 소중하다. 그것은 나의 '너'는 나에게 영향을 주며 일깨워 주기 때문이다. 진실로 내게는 이런 사람과의 대화가 필요하다.

5. 소중한 사람을 알아본다

▌마음이 서로 통하는 사람과 말을 나누자

일하지도 않고 일할 의지도 없는 청년 무직자NEET(not in education, employment or training)로 불리는 사람은 무력감에 빠져서 좋아하는 것이 무엇인지도 모른다. 참으로 안타깝다. 그렇지만 이런 사람도 공감과 진심을 나눌 수 있는 인간적인 만남의 대화를 갖게 되면 점진적으로 좋아하는 것이 무엇인지 감성도 되살아나게 된다.

사람의 '감성'이나 '인지'는 대화의 내용이나 깊이에 따라서 달라지기 마련이다. 처음부터 의도적으로 마음에 드는 것을 발견하려고 할 것이 아니라 자연스럽게 마음이 가는 사람의 마음과 마음, 느낌과 느낌이 만나서 대화를 나누고 있는 사이에 점진적으로 자연스럽게 자기가 좋아하고 있는 것이 무언인지를 알게 된다.

무릇 취미와 기호는 무언가를 하는 동안에 마음에서부터 자연스럽게 우러나게 된다. 동양란은 죽이는 데도 3년이 걸린다는 말이 있을 정도로 키우기가 까다롭지만 이런 실패의 경험을 통해서 동양란 특유의 그윽한 향기와 꽃 모양이 마음에 들어서 특정 난을 더욱 좋아하게 된다. 이렇듯 우리는 어떤 경험의 과정을 통해서 그동안 했던 일에 취미가 생기고 이해도 깊어지게 된다. 이 점은 사람에 대한 친근감도 마찬가지이다. 물의 깊이는 건너야 알고 사람의 심성은 사귀어 봄으로써 알 수가 있다.

술자리에서 술을 들며 인생 · 정치 · 교육 · 종교 · 경제를 논한다고 하자. 그렇지만 아무리 열변을 토하며 논쟁을 벌였다 할지라도 서로 간의 공감대가 없다면 이런 만남의 자리는 무의미하다. 그러나 이런 논의의 자리가 마음에 들었다고 생각했다면 '논의'한다는 것에 호감을 가질 수도 있다. 이런 사람의 경우는 이런 만남 속에서 '진정한 나'를 깨닫는 경우이다.

왜냐하면 사람에게는 과거의 감각 · 지각 체험의 재생이나 조작을 통해서 만들게 되는 심상imagery이라는 것이 있다. 이 심상의 내용이 어떠하냐에 따라서 진정한 나를 발견하는 데 도움이 되기도 하고, 방해가 되기도 한다. 예컨대, 진정한 너와 나의 대화가 없는 사람은 대화에서도 다른 사람이 말할 기회도 주지 않고 자기만이 시간을 독점함으로써 의미 있고 생산적인 대화를 할 수가 없는 사람이다.

이런 사람은 자기가 말하고 있으면서도 듣는 상대를 의식하지 못한 사람이다. 요컨대, 이런 나는 대화에서 무엇이 중요한지를 모르기 때문에 '진정한 나'로서 살아갈 수가 없게 된다. 왜냐하면 인생은 나 홀로 살아갈 수 없으며 '진정한 나'를 일깨워 주고 인정해 주는 관계에 있는 '너'가 필요하기 때문이다.

▌진심을 받아 주는 사람과 사귀다

대학에 가서 수강하는 것이 너무도 싫어서 결국 대학을 자퇴하고 매일 술로 마음을 달래는 K양이 있다. K양은 왜 이렇게 되었을까? 그것은 본디부터 공부를 좋아하지 않았기 때문이었을까?

K양의 말에 의하면 자퇴한 후에도 친구들이 '책과 노트를 빌려 줄 테니까 나오라.'고 전화도 여러 번 걸려 왔다고 한다. K양이 말하는 태도와 뉘앙스로 미루어 볼 때, 그녀는 자기가 친구들에게는 인기가 있어서 자기를 걱정하고 있다는 식으로 이를 자랑스러워 하는 듯하였다. 공부는 못해도 친구들에게는 인기 있다는 태도였다.

K양의 이와 같은 언행은 그녀의 심한 열등감의 역표현이기도 하다. 누구나 사람이라면 정도의 차이일 뿐, 자신의 결함·약점·무능을 느끼게 되는 감정적 반응은 있기 마련이다. 다만, 이를 건설적인 방법으로 극복하지 못하고 자신감을 잃고 위축된 생활 태도나 비합리적 행동으로 도피해 버리는 것이 문제가 된다. 그녀의 이런 '자기 현시' 같은 행동도 열등감을 감추기 위한 일시적인 외관상의 효과를 기대한 비합리적인 행동이다.

아들러 심리학Adlerian psychology에서는 인생 목표와 현실 인식의 차이에서 생기는 불쾌감을 열등감이라고 하지만, 열등감은 우월감과 상통하는 가능성도 가지고 있다. 역시 양극은 서로 상통한다. 이 경우에 중요한 것은 자신감을 갖게 하는 일이다. 이런 사람에게는 실패나 단점도 기회가 될 수가 있고 장점이 될 수도 있기 때문에 '칭찬'보다는 '격려'를 해 주고 '용기'를 북돋아 주는 것이 효과적이다.

격려란 칭찬하는 것과는 다르다. 칭찬이란 표현을 달리한 평가적인 태도로서 일시적인 효과밖에 없지만, '격려'란 '공감적'인 마음에서부터 우러난 것이기 때문에 보다 지속적인 효과가 있다.

그러나 칭찬과 격려는 그 기준이 엄격하지 않을 경우에는 칭찬이 격려의 일부가 되기도 하고 격려가 칭찬의 일부로 이해될 수도 있다. 이 점은 상황에 따라서 칭찬하고 격려하는 사람의 판단에 따라서 유연성 있게 탄력적으로 사용할 수도 있을 것이다.

K양은 알고 보니 어머니와 단둘이 살면서도 깊은 대화가 없을 뿐만 아니라 격려와 용기를 주는 대화도 없었다. 누구나 자신의 속마음을 토로할 수 있는 사람이 있을 때는 사소한 욕구 불만 같은 것은 조절할 수가 있다. 그러나 K양의 어머니는 딸의 욕구 불만을 들어 줄 대상이 되어 주지 못했다. 모녀 간의 이와 같은 관계는 딸의 도전적인 반항심과 증오심만을 키워 주었다.

이런 사람에게는 자기 속마음을 들어 줄 사람이 필요하다. 자기 일처럼 공감해 줄 수 있는 사람, 긍정적으로 받아들이고 존중해 줄 수 있는 사람을 찾고 있는 것이다. 적응에 실패한 사람이 '진정한 나'를 찾기 위해서는 자기 속마음을 들어 주고 이해해 줄 수 있는 사람과의 '인간적인 만남encounter'의 대화가 필요하다고 본다. 대화를 하는 과정에서 '아, 이것이 진정한 나'인 것을 알게 된다. 또는 대화를 하고 나서 그때 그것이 '본래 나의 모습'이었다는 것을 깨닫게도 된다.

역시 인간은 자기와 타자 '사이', 나와 너 '사이', 정신과 물체 '사이'라는 '간인간성間人間性, Zwischenmenscheälichkeit'의 의미를 올바르게 파악함으로써 '나'는 너로 인한 '나', 즉 '나다움Ichhaftigkeit'을 발견하게 된다.

▌ 유순한 사람이 엄격하다

사람은 겉으로만 보아서는 제대로 알 수가 없다. 만약 보이는 것만 보고 그 뒤에 숨어 있는 깊은 내면을 이해하지 못한다면 상대를 제대로 이해할 수는 없을 것이다. 이런 사람은 상황 판단에 있어서 실수가 많을 것이다.

『채근담菜根譚』에는 다음과 같은 말이 있다.

응립여수   호행사병   정시타확인서인수단처   고   군자
鷹立如睡하고 虎行似病, 正是他攫人噬人手段處니라. 故로 君子는
요총명불로   재화불령 재유견홍임거적역량
要聰明不露하고 才華不逞, 纔有肩鴻任鉅的力量이니라.

매가 서 있는 모습은 마치 조는 듯하지만 자신이 노리는 먹이는 놓치는 법이 없고, 범은 걸어 가는 모습이 병든 듯하지만, 일단 목표가 보이면 번개같이 달려든다. 이렇듯 자신의 능력을 감춤으로써 목적을 달성하게 된다. 마찬가지로 군자도 자신의 총명함과 재주를 과시

하지 말아야 하며, 이것이 곧 큰일을 훌륭하게 수행해 나갈 수 있는 역량인 것이다.

또 우리말에는 안빈낙도安貧樂道라는 말도 있다. 가난의 어려움과 불편함 속에서도 자기 분수를 알고 이를 인내와 사람으로서의 도리로 승화시켜 편안한 마음으로 삶을 살아가는 사람은 삶의 목적도 투철하고 의지도 굳은 사람이며, 자신에게 엄격한 사람이다.

자기 분수를 모르는 사람은 착각이나 망상 때문에 자기 인생을 불행하게 만드는 것이 특징이다. 이런 사람은 사랑에 대한 인식도 착각에 빠져 있는 자신의 기분이나 말초신경을 만족시켜 주는 것이라고 생각한다. 즉, 사랑이란 '아폴로적apollonian'(관념적 · 이성적 · 질서적)인 것보다는 '디오니소스적dionysian'(충동적 · 감각적 · 도취적)인 것으로 본다는 것이다.

또 이런 사람은 자신의 처지에 편의를 제공해 주는 사람을 좋은 사람으로 보고 자기를 사랑해 주고 있다고 생각해 버린다. 매우 생각이 타산적이고 단순해서 자신의 욕구를 충족시켜 주고 자기 기분에 맞춰 주는 사람이 자기를 사랑해 주고 있다고 생각해 버린다. 이런 사람과는 백날을 두고 대화해도 '진정한 나'는 보이지 않을 것이다.

그러나 사람으로서의 도리에 따라서 진정한 공감이 있을 경우에는 '진정한 나는 어디에 있는가?'에 대해서 그렇게 고민할 필요는 없다. 그것은 그럴 수 있는 인간적인 만남의 생활을 하고 있기 때문이다. 산책을 하고 있는 사람은 주변 경치가 좋을 경우에는 그렇지 못할 때보다 자신이 산책하고 있다는 것을 더욱 많이 실감할 수가 있다.

마찬가지로 나비가 채소 꽃에 머물러 있는 것은 꽃가루도 옮겨 주고 꿀도 빨아 먹을 수 있으니 꽃이 없을 때보다는 있을 때가 더 만족스럽고 서로에게 의미 있는 일이다.

일하지도 않고, 일할 의지도 없는 젊은 실업자는 의욕이 전혀 없기 때문에 어떤 대상이나 일과의 관계가 없는 세계에서 살아온 사람이다. 마치 물도 나무도 없는 사막의 외길을 걸어 온 사람이다. 때문에 대화도 없으려니와 반응도 없고, 기대감도 없으며 확실한 것이 하나도 없다. 이런 길을 걸어 온 사람은 '참 나'에 대한 생각보다는 자기와 같은 처지의 사람이나 찾게 되며, 때문에 이런 악순환에서 헤어나지를 못하게 된다.

▎커뮤니케이션은 마음을 성숙시킨다

커뮤니케이션은 인간만이 가지고 있는 독특한 '기호 과정semiosis'에 의한 표현이며, 어의상으로도 사람들 사이에 '공통성commonness'을 '공감commune'시키는 데 있다. 만약 사람이 사는 곳에 기호의 제작 · 전달 · 수용 · 해석이라는 '수단'이 없다고 한다면 어떻게 되겠는가. 커뮤니케이션의 연구는 그동안 여러 영역에서 추진되어 학제적 연구interdisciplinary research 경향을 띠고 있어서 한 가지 뜻으로 개념을 정의하기는 어렵다.

그러나 일반적으로는 커뮤니케이션이란 사람들이 각종 기호를 사용해서 기호 시스템으로서의 메시지를 구성하여 채널을 통한 전달 또는 교환하는 과정이라고 말할 수 있다. 이와 같은 커뮤니케이션 이론에는 사람들의 사회적인 소통과 전달에 의미를 두는 '사회학적 커뮤니케이션'과 개인의 표현의 의미 해석에 중심을 두는 '인지심리학적 커뮤니케이션'이 있다. 이들은 상담심리학의 이론적 기반을 공고히 해 주고 있다는 점에서 심리 치료에 관심이 있는 사람이라면 커뮤니케이션에 대한 올바른 이해란 매우 중요하다고 본다.

유인원의 새끼 실험에서 태어난 어린 유인원에게 먹이만 주었을 때보다는 먹이를 주면서 정서적인 소통을 할 때가 건강하고 심리적인 성장을 볼 수 있다는 보고도 있다. 사람의 경우도 유아기의 수유 시에 어머니와의 정서적인 커뮤니케이션이 따를 때 어린이의 심리적 에너지를 활성화시켜 준다고 한다.

재산이나 권력도 커뮤니케이션이 없는 것은 힘을 얻었다 할지라도 살아가는 진정한 에너지는 될 수가 없다. 커뮤니케이션을 소중하게 생각하지 않는 권력은 오래가지 못하며 자신을 함정에 빠뜨리게 된다. 커뮤니케이션이 풍부한 사람은 그 관계 속에서 에너지를 얻을 수가 있다.

무기력하고 의욕이 없는 사람은 소통이라는 핵의 부분이 없는 것이나 마찬가지이다. 이는 마치 차에 가솔린 주입구가 없는 것과 같다. 때문에 아무리 좋은 차일지라도 굴릴 수가 없다. 무슨 일에서나 마음이 내키지 않고 귀찮게 생각하는 사람은 가솔린 주입구가 없는 고급차와 같다.

의욕도 없고 무엇을 해야 좋을지를 모르는 무력증에 빠져 있는 사람은 감정을 죽이고 살고 있는 사람이다. 이는 여우 굴에서 자란 야생아가 인간 사회로 돌아와 있는 것과도 같다. 야생아는 태어나기는 사람의 자식으로 태어났지만 언어가 없기 때문에 사람들과의 통신도 불가능하며 발신도, 수신도 할 수 없다. 이렇듯 소통이 결여되면 어떤 생활의 만족도, 사람의 심리적 성숙도 기대할 수 없다.

자아동일성ego-identity의 개념을 제창한 에릭슨Erik H. Erikson (1902~1994)은 유아기(0~1세)에 체험해야 할 과제로서 '기본적 신뢰basic trust'를 강조한 사람으로 유명하다. 유아일지라도 젖을 먹을 때나 보살핌을 받을 때 항상 정서적인 안전감이나 만족감의 욕구를 충족시켜 주는 어머니의 마더링mothering(maternal care 어머니의 애정 어린 보살핌)에 대한 체험은 사람을 신뢰할 수 있는 심성에 이어져서 이것이 그 사람의 신뢰하는 심성의 기초가 된다고 본 것이다. 그렇지 못할 경우에는 '기본적 불신'을 체험하게 된다고 보았다.[4]

---

4) E. H. Erikson, *Child and Society*, New York: W. W. Norton, 1st edition, 1950; 2nd edition, 1963, pp. 147-151.

일하지도 않고 일할 의지도 없는 실업자는 마음이 얼어 있고 굳어 있다. 때문에 어떤 대상에 대한 '~감(느낌)a sense of'이나 관심이 전혀 없다. 이런 사람은 필시 어린 시절 어머니와의 소통도 원만하지 못했을 뿐만 아니라 기본적 신뢰감의 체험도 없었을 것이다.

이런 사람은 어린 시절부터 부모의 무리한 간섭을 받아 성장한 나머지 바깥 세계를 불편한 대상과 차가운 세계로 생각하여 '참으로 나는 고립무원의 무력자이다.'라든가 '바깥세상은 나를 위협하고 있다.'라고 느껴 버리게 된다. 요컨대, 이런 사람은 선의의 경쟁도 할 수가 없는 사람이다.

이러한 불안은 카렌 호나이Karen Horney가 말한 '기본적 불안'이다. 이 기본적 불안이 강한 어린이는 이 불안을 진정시키기 위해서 각종 신경증적 경향을 발전시키게 된다. 뿐만 아니라 평소에 자기라고 생각하고 있는 자기보다도 더 깊은 곳에 있는 자기, 건설적이어서 독자적인 성장에 중심력을 가지고 있는 자기, 즉 '진실된 자기real self'와는 거리가 먼 사람이다.

때문에 이런 사람은 감정에 솔직하지 않아서 매사를 자기 형편이 좋은 쪽으로만 해석하게 된다. 그래서 매우 이기적이어서 원만한 대인 관계를 맺을 수도 없고 남을 속이면서 살게 된다. 그래서 기분 좋은 대화도 할 수 없다. 모두가 싫고, 밖에 나가는 것도 싫으며, 사회가 싫어진 것이다. 때문에 역할과 책임이 없다. 이로 인하여 무관심·무감동·무기력·성숙 불안·쾌감 결여 등 '무관심 증후군apathy'을 보이게 된다. 이런 사람은 '하고 싶은 것을 하라.'고 말해도 '하고 싶은 것이 무엇인지를 알 수가 없다.'고 말한다.

이렇듯 특별히 선호하는 것이 없기 때문에 결과적으로는 '이것도, 저것도' 맹목적인 것이 되고 만다. 때문에 욕심꾸러기가 되기 쉽다. 이 점은 어렵다는 것과는 다르다. 이렇듯 직업도 없고 가지려고 하지도 않으며 만사를 귀찮게 생각하는 사람, 심지어는 양치질하는 것조차도 귀찮다고 생각하는 사람에게 중요한 것은 '일한다'고 하는 그 의미에 대해 시야를 넓혀 주는 일이다. '진정한 나'를 만날 수 있는 사람은 매일 계속해서 무언가를 한다는 데 의미가 있다. 예컨대, 화장실 청소, 설거지, 욕실 청소 등을 하고 나서 상쾌감과 만족감을 체험한다면 무관심·무감동·무기력 상태에서 벗어날 수 있는 실마리가 생겨서 노동은 신성해서 귀천이 없으며 내게 삶의 의욕을 준다는 것을 깨닫게 해 준다는 것을 알게 된다.

이런 노력도 하지 않는 사람이 자기탐색을 말한다는 것은 위선이다. 그러나 '오늘 하루는 이 일을 했다.'라고 하는 것에서 만족할 줄 아는 사람은 그만큼 자신을 키워 주게 된 셈이다. 이런 사소한 생활 속에서 '근면'이란 방황하고 있는 나에게 '진정한 나'를 발견하게 해 주는 위대한 가르침을 준 스승임을 알게 된다.

인생에서 '경험'이란 우리가 그 깊은 참뜻을 깨닫기만 한다면 다음 생활의 교훈이 되며 보다 질 높은 경험을 재구성할 수 있는 가르침을 받을 수가 있다.

건국 후 우리나라 새교육운동에 지대한 영향을 준 미국의 교육철학자 존 듀이John Dewey(1859~1952)가 교육을 실용주의 철학에 근거하여 '경험의of experience' '경험에 의한by experience' '경험을 위한 교육for experience'을 강조한 것도 교육은 다음의 경험을 성장시키기 위한 경험의 재구성reconstruction of experience 과정에 지나지 않음을 말한 것이다.5) 인생이란 알고 보면 지속적이며 다양한 경험의 재구성의 과정이다. 그 결과 문화도 발달하고 사람도 변해 간다.

6. 누구에게도 비난받고 있지 않음을 생각해 본다

▌불행을 초래할 일을 하지는 않았는가

일하지도 않고 일할 의지도 없는 사람은 자존심이 높다. 또한 놀고 있는 처지에 성질이 까다로워서 여간한 일은 마음에 들지 않아서 무엇을 하려는 생각도 하지 않는다. 이 때문에 사람들로부터 비난받고 있다는 것도 잘 알고 있다. 그러나 '알고 있어도

---

5) Dewey, *Experience and Education*, 15th print, 1952, p. 19.

어찌할 도리가 없다.'고 생각하는 것이 문제이다. 오히려 '잘된 일이다. 내가 괴로움을 겪는 것은 아니니까.'라는 태도이다. 내게 아쉬울 것은 없다는 식으로 은연중에 위협한다. 이런 사람은 회사 면접에서 지망 동기를 물어보면 자신있게 대답을 못하게 된다. 그래서 결국 낙방하고 만다.

여기에다 비난하는 어조로, '고학력을 말하지만 학력이 다가 아니다.'라는 식의 말투로 은근히 남의 말을 비난하며 자신의 관점을 합리화하려고 한다. 일하지도 않고 일할 의지도 없는 무직자는 진정으로 내가 해야 할 일이 무엇인가를 모른다는 것이 큰 문제이다. 그래서 자기가 진정으로 좋아하는 것이 없다고 너무도 쉽게 말해 버린다.

이런 태도로는 대화가 불가능하다. 상대에 부딪쳐서 한번 떠보자는 심산이다. 자신을 책하고 있는 것처럼 보이지만 실은 남을 비난하고 있다고 볼 수도 있다. 이런 사람은 상대가 물어봐도 '탐색하고 있다.' '회의를 느낀다.'고 생각해 버린다. 취직에 대해 물어보면 자기를 괴롭히고 있다고 생각해 버린다. 그래서 대화가 안 된다.

관심을 가져 주어서 감사하다고 생각하지는 않는다. 때문에 원인을 알고자 하는 질문을 할 수가 없다. '어디서 샀습니까?' 물으면 자기가 조사받고 있다고 생각해 버린다. 모두가 이런 식으로 자기를 괴롭히고 있다고 생각해 버린다. 그래서 대화도 안 된다.

이렇듯 사실은 도움을 주고자 하는 관심이 있어서 물어본 것도 괴롭힘을 당하고 있다고 생각하기 때문에 사태를 복잡하게 만들고 만다. 그래서 자칫하면 불운을 자초하기 쉽다. 이는 노력의 방향이 틀렸기 때문이다. 결과는 노력한 만큼 인정받지 못하는 경우가 많다. 결국 그 결과는 언제나 불만이다.

▌ 실업자와 은둔자의 차이

일하지도 않고 일할 의지도 없는 실업자는 인간관계의 거리도 인간관계의 종류도 거의 없는 편이다. 이들은 지나간 생활에서 남달리 더 심했던 분노와 증오라는 내면적인 긴장과 갈등이 많았던 사람이다. 그래서 그 분노를 이상한 형태로 나타낸다.

인간도 생물인 이상 생활체는 하나의 '요구 체계'라고 볼 수 있다. 이 생활체가 생존하며 발달해 가는 과정에서 기본적인 욕구를 비롯하여 각종 욕구를 충족시키지 않으면 안 된다. 그러나 환경에는 크고 작은 장벽이 있어서 이로 인하여 욕구 좌절에 직면하게 된다. 다만, 이를 어떠한 방법으로 극복하느냐가 중요하다.

일반적으로 욕구 좌절을 극복하는 방법은 사람에 따라서 다음과 같은 반응을 보이게 된다.

① 좌절에 적극적으로 맞서며, 그 장해를 제거하고, 극복한다.
② 직접 좌절에 맞서지 않고 우회적인 방법으로 극복한다.
③ 대리 목표를 세워 이를 달성함으로써 대상적代償的으로 만족한다.

①과 ②는 적응적 행동이나 반응으로 현실을 객관적·이성적으로 파악하여 환경에 대해서 합리적으로 반응함으로써 욕구 좌절이나 불만이라는 내면적인 긴장 해소에 도움이 된다. 그러나 ③의 대상적 행동은 '일반적'인 대상 행동과 '특수'한 대상 행동으로 나뉜다. 예컨대, 전자는 어린이를 낳지 못한 사람이 작은 동물을 사랑한다거나, 여행을 할 수 없는 사람이 사진이나 지도를 보면서 대리만족을 하는 경우이다. 후자의 경우는 보상과 승화·억압·억제·퇴행·도피·합리화·투사·동일시·공격이라는 대상적인 방법으로 욕구 좌절을 극복한다.

'실업자'의 경우는 '욕구좌절 내성frustration tolerance'이 발달되어 있지 않아서 분노 조절이 잘 되지 않기 때문에 대상적인 극복도 원활하지 않으며 자신만의 불만(부모·사회·직장 등에 대한 불만)을 기이한 형태로 표출하게 된다.

그러나 분노나 증오도 나타내지 못하는 사람이 '은둔자'이다. 어떻게 되어서 그들은 분노와 증오를 체험하고 말았을까? 그것은 어렸을 때의 지나친 유아기적 욕구 불만에 대한 '고착fixation'으로 인해서 사회적으로 '위축withdrawal'되어 있고 감정이 무뎌서 생긴 대화의 장애 때문일 수도 있다. 때로는 지나친 욕구 충족이 그 원인이 될 수도 있다.

그러나 은둔의 시간 구조화라는 점에서 본다면 '심리적인 은둔 형태'도 있다. 그 대표적인 것이 알코올중독자의 현실 도피의 은둔이다. 일반적으로 은둔은 현실에서 도피하는 부정적 측면이 강하지만, 심리적 효과를 생각하여 자신을 깊이 성찰하고 명상을 통해서 심신의 이완과 지혜를 얻어 자기 에너지의 활성화를 꾀하는 등 적극적, 긍정적인 측면도 있다.

▍호불호의 감정을 소중히 하라

우리의 마음속에는 감각적으로 느끼고는 있으나 너무 막연해서 이를 '의미 있는 느낌a felt sense'이나 말로 표현할 수도 없고 이미지화시킬 수 없는 다양한 감정의 흐름이라는 것이 있다. 이는 마치 시냇물의 흐름과도 같아서 어느 때는 세차게, 어느 때는 잔잔하게 흘러가는 것을 체험하게 된다. 이런 내면적인 느낌의 흐름은 누구 한 사람도 같을 수가 없으며, 시시각각 또는 상황에 따라서 천차만별이다.

이렇듯 마음이란 정靜적인 것이 아니라 동動적인 것이어서 우리가 어떤 '느낌'의 의미를 생각할 때는 관념상의 명사로서가 아니라 언제나 '~생각하다' '~느끼다'라는 동사형의 의미로 생각할 필요가 있다. 예컨대, 우리가 '인식의 기능'에서 '~에 관한 지식'과 '직접적인 지식'을 구별할 경우에 전자는 '생각'에, 후자는 '느낌'에 해당한다.

이와 같은 맥락에서 우리는 느낌에 의해서 사물에 직접 접할 수 있으며 생각에 의해서만 대상 그 자체를 인식할 수 있다. 이런 점에서 '느낌'은 인식의 근원이자 출발점이며 '생각'은 성장한 나무와 같다. 때문에 '느낌'은 정서와 감각을 필요로 하며, '생각'은 개념과 판단을 필요로 한다.

우리는 이와 같은 '느낌'과 '생각'의 의미를 이해함으로써 자신의 호불호를 알게 되고 자기 자신을 이해하는 데 도움이 되며 '진정한 나'를 만들어 갈 수가 있다.

게으르고, 느낌에 둔감한 사람은 내가 무엇 때문에 이런 느낌을 받는지에도 관심이 없으며 자기 자신이기 위해서는 내게 어떤 느낌, 어떤 생각이 필요한지도 모른다. 이런 사람은 부모가 말하는 대로 살아왔으며 그저 세간의 유행에 따라 살아온 사람일 것이다. '내가 무엇 때문에 여기에 있는지?'라는 물음에 자기 자신이기 위해서'라고 대답하는 사람은 격류에 떠내려가는 뗏목 위의 역경에서도 자기가 먹을 것을 위해서 물고기를 잡으려는 에너지를 가지고 있는 사람과 같다.

이런 에너지를 가지고 있는 사람은 '참다운 나는 어디에 있는가'와 자기 상실을 깨닫게 된다. 어떻게 하면 좋을지를 모르는 사람은 자기 감정과 생각을 상실한 사람이다. 사람은 최소한의 '옳고 그름'이나 호불호의 기본적인 감정은 가지고 있어야 한다.

이 감정이 무디어 있는 사람은 자기가 지금 하고 있는 것이 정말 좋아서 하는 것인지, 싫지만 억지로 하는 것인지가 분명치 않은 사람이다. 이런 사람은 화이부동和而不同이 아니라 부화뇌동附和雷同하기 쉬워서 참다운 나로서, 나를 대표하는 나로서 살아갈 수도 없고 자기 세계가 없는 사람이며 팔방미인이 되기 쉽다.

진정한 나는 어디에 있는가 | 에필로그

진정한 나는 내 안에 있다

▌ 마음을 잘 다스리다

사람들이 사는 동안 겪는 궂은 일, 좋은 일도 알고 보면 그 사람의 마음가짐과 깊은 관계가 있다. 그래서 편안한 마음으로 제 분수를 지킴으로써 만족과 행복도 얻을 수 있다. 이는 불가에서 쓰는 만법(우주 간의 일체의 법도)은 유식唯識(심식)이라는 말과 맥을 같이 한다.

사람의 속박과 해탈도 자기 자신의 마음속에서부터 비롯하며, 마음에 깨달음이 있으면 아무리 천하고 더러운 곳에 있어도 그곳이 극락정토이고, 마음에 깨달음이 없으면 아무리 청아하고 금은보화로 꾸민 곳에 있어도 그곳은 곧 지옥이 될 것이다.

심리치료 이론 가운데도 사람들의 고민이나 불안이란 기실 자기가 직면한 문제 자체에서 기인하는 것이 아니라 그 사람이 문제와 사건을 어떻게 받아들이며 이를 어떻게 '인지'하느냐로부터 기인한다고 보는 알버트 엘리스Albert Ellis(1913~2007)의 합리적 정서행동치료법Rational Emotive Behavior Therapy: REBT이라는 이론도 있다.

한 학생이 학점 미달로 졸업이 '연기'되었다(일어난 사실). 이 때문에 실의에 빠져 있다고 하자(결과). 이 경우에 이 학생을 이렇게 만든 것은 '객관적인 사실'이 그렇게 만든 것처럼 보이지만 기실 그렇지 않다. '대학은 4년에 졸업하지 않으면 안 된다.'라든가 '졸업을 4년에 못 하는 사람은 무능한 사람으로서 인생의 실패자'라는 잘못된 '고정관념'이 그렇게 만든 것이다.

이렇듯 본인의 고정관념(사고·인지·소신)을 분석해 보면 이 학생의 절망이나 고민이란, 사실에 근거를 두고 있지 않은 신념이나 '논리성'이 결여된 '비합리적인 신념' 때문이라는 것을 알게 된다. 이렇듯 REBT는 '비합리적 사고'를 '합리적 사고'로 변환시키는 치료의 기법이다.

다음은 한 시민의 도덕적인 선을 실천할 수 있는 '정신적인 자유'의 실현을 '자기 자신에 대한 의무'로 알고 선행을 행한, 공공 근로 택배를 하며 어렵게 생계를 이어 가고 있는 기초생활수급자 우 모씨(50대)에게 있었던 일이다.

우 씨는 2015년 5월 10일 14시 20분경 부천시 중동의 한 아파트 단지 상가 앞에서 주운 1억 1,500만 원짜리 수표와 주민등록등본이 담긴 봉투를 부천 원미경찰서에 신고하면서, "주인이 애타게 찾고 있을 것 같으니 서둘러 찾아서 돌려주라"고 말한 뒤, 뒤도 돌아보지도 않고 떠났다고 한다.

경찰은 수표를 발행한 은행 지점 담당자에게 연락을 취하는 등 수소문한 끝에 주인을 찾았으며, 경찰도 우 씨를 다시 지구대에 나오게 하여 「유실물법」 규정(습득액의 5~20%)에 따라 돈 주인으로부터 보상금을 받으라고 권유했다. 그러나 우 씨는 보상금도 사양했다. 생계도 어려운데 거액을 찾아 준 뒤에 보상금마저 사양한 것이다.

이럴 수 있는 가장 큰 '힘'은 '내 것이 아닌 돈은 가져서는 안 된다.'고 하는 '도덕적 선'에 대한 신념과 이런 보편적 가치의 실천 의지의 마음에서부터 나온 것이다.

참으로 이 사람은 '적법성'보다 '도덕성'을 더 소중하게 생각하고 '보다 큰 나'를 자각하며 선을 실천하면서 산 사람이었다. 진실로 우 씨는 마음이 부자여서 가진 것은 없어도 보다 큰 나에 대해 자각한 사람이며, 자기를 사회적으로 확대시켰고, '보다 큰 나'로서 진실되게 산 사람이었다.

▌ 차이를 인정하라

'참다운 나'란 관념의 세계에서 발견되는 것이 아니라 구체적인 현실 생활 속에서 만들어지고 성장한다.

사람들 가운데는 '참다운 나'를 발견하지 못하여 고민하는 사람, 욕망이 너무 비대해서 만족할 줄 몰라 항상 불만으로 차 있는 사람, 능력과 적성에 맞지 않는 일에 과잉 전력투구한 나머지 감정 반응이 다 타 버리고 없어진 소진증후군burn-out syndrome으로 인하여 자기를 상실한 사람, 결혼 생활이 원만치 않은 사람 등이 있으며 이런 사람은 사는 것이 고통스럽고 불행한 사람들이다.

그러나 '참다운 나를 찾고자' 한다면 자신의 사실 그대로의 생활 속에서 찾아야 한다. 그러기 위해서는 자신의 단점도 참다운 '나'임을 인정하지 않으면 안 된다. 그렇지 못한 사람은 공감력도 부족해서 상대의 입장이 되어 생각하고 차이를 인정하지 못하기 때문에 공동생활에서도 적응하지 못한다.

　　흔히 이혼의 원인으로서 가장 많이 사용되고 있는 원인이 '성격의 불일치'라고 한다. 그래서 서로가 상대의 성격과 불일치한 점을 이혼의 이유로 말하곤 한다. 그러나 기실은 '성격의 불일치'보다는 상대는 나와 다르다는 것을 인정할 줄 몰라서 공동생활을 할 수가 없는 사람이기 때문에 이혼하는 경우가 절대적으로 많다.

　　이런 사람은 누구와 결혼해도 원만할 수 없는 사람이어서 몇 번 재혼을 해도 성공할 수 없다. 결혼 생활에 성공하려면 결혼 상대를 찾기 전에 자기 안에 있는 또 한 사람의 꾸밈없는 자기를 발견하지 않으면 안 된다.

　　그러나 진정으로 '성격의 불일치'가 이혼의 원인이라면 그 사람은 몇 번이고 이혼을 할 수밖에는 없을 것이다. 그러다 보면 언젠가는 자기 성격에 맞는 배우자를 발견할 수는 있을지는 모를 일이다.

말과 행실이 사람을 만든다

사람이 삶을 영위함에 있어서는 목적도 중요하지만 말과 행실도 중요하다. 그래서 예로부터 그 사람의 '말'과 '행실'을 보면 사람의 됨됨이를 알 수 있다고 하여 지행일치니 지행합일을 삶의 이상으로 삼았다. 성인군자가 아닌 거의 대부분의 사람이란 힘 드는 일보다는 힘 안 드는 일을 먼저 하기 쉽다. 그래서 행동보다 말이 앞서기 쉽다. 그 결과 행동이 뒤따르지 못해 무책임한 빈말이 되는 경우가 많다. 이 점은 인간의 큰 약점이다.

그러나 말에 앞서 먼저 행하고 난 후에 행한 바를 좇아서 말하는 사람도 있다. 이런 사람은 매우 드물기는 하지만 말없이 행동하는 '불언실행不言実行' 하는 사람이다. 일찍이 공자孔子는 제자 자공子貢이 '군자'의 자격에 대한 물음에 대해서 말하기를, 불언실행하는 사람을 가리켜 군자가 될 '도덕적 자격'을 가진 사람이라고 하였다.

그래서 예로부터 자기 자신에게 성실하게 살려고 했던 사람은 말을 삼가고 행실에 조심했다. 그것은 행실이 말에 미치지 못할까 두려워했기 때문이다. 이 점에서 말은 그 사람의 생각이나 감정과 성격의 경향성을 보여 주는 수단이기도 하지만 그 사람의 인품을 알 수 있는 척도이기도 하다.

우리 조상들은 언어 사용을 호모사피엔스의 본질적 속성의 하나로 여겨 문화인류학적인 관점에서는 '말을 재잘거리는 동물zōon logonechon'이니 '말을 하는 사람homo loquens'이라 하여, 의사소통만이 아니라 감정 표현・사고의 조작, 애니미즘 신앙 생활도 할 수 있다는 점에서 만물의 영장으로 자처해 왔다.

그러나 우리는 말을 올바르게 사용하지 못함으로써 크고 작은 불행과 비극을 치르고 있는 것은 참으로 부끄러운 일이다. 돌이켜 보면 인류 문명의 발달 가운데서 언어(문자)라고 하는 기호 체계를 통한 소통만큼 큰 영향을 주었던 것은 없었다. 과학 문명, 정치·경제·종교의 발달도 말과 글에 의해서 촉진되기도 하였다. 하지만 말과 글을 잘못 사용함으로써 크고 작은 화와 사회의 혼란을 초래하기도 했다.

언어의 힘은 실로 막중하다. 개인과 개인, 집단과 집단, 국가와 국가 간의 대립이나 분쟁도 성의 있는 대화에 의해서만 극복할 수도 있고 평화를 가져올 수도 있다.

한때 독일의 실존철학자였던 하이데거Martin Heidegger(1889~1976)는 "언어는 존재의 집이다."라고 말하였거니와 우리가 이해하는 모든 존재는 언어라는 형식적인 그릇 속에 담긴다는 것을 생각할 때, 언어야말로 인간이 인간답게 살아감에 있어서 매우 소중한 환경 조건이기도 하다.

태어나기는 사람으로 태어났지만 불행하게도 인간 세계와 격리된 언어가 없는 환경에서 어린 시기를 보내게 되어 언어 습득의 적기와 임계기를 놓치게 되면, 언어발달은 물론 정상적인 지적 발달·정서 발달·사회성 발달도 할 수가 없다. 이 점에 대해서는 다음 사례 연구 보고[프랑스의 남쪽 아베이론Aveyron의 코누숲에서 발견된 '야생아'(1799년 9월), 인도의 늑대 동굴에서 발견된 '늑대

소녀 아말라와 카말라'(1920), 이란의 수도 테헤란에서 발견된 '늑대소년'(1961)]가 이를 뒷받침해 주고 있다. 이들의 보고서는 인간의 언어 습득이란 언어 학습의 가소성可塑性. plasticity을 가지고 태어났다 할지라도 가소성을 살려서 말하는 언어 생활이 따라야 한다는 것을 말해 주고 있다.

인간에게 있어서 어문語文의 중요함은 아무리 강조해도 부족하다. 말과 글이 없었다면 인간이 할 수 있는 모든 활동은 정지되고 말았을 것이다. 건강한 사회와 병든 사회도 언어 풍토를 보면 알 수 있다.

앞에서 언어가 모든 존재의 집이라고 말하였거니와 병든 사회는 그 집이 존재의 의미와 가치를 원활하게 소통시켜 주지 못함으로써 사회는 갈등과 불신으로 병들게 된다. 특히 언어 풍토는 언어를 사용하는 한 사람 한 사람이 언어를 얼마나 잘 다듬어서 올바르게 쓰느냐에 달려 있다. 언어가 타락하고 병들면 그 사회는 다툼이 많아서 사회가 불안해지고 불신 사회가 된다. 그래서 정치 풍토도 정치인들의 언어 수준을 벗어날 수 없게 된다.

건강한 사회, 사람들의 정신건강과 자기초월적인 자기실현의 확대를 지향한 인간 중심의 사회를 만들어 가는 데도 언어가 차지하는 비중은 매우 크다.

양심과 신뢰와 인격이 존중되는 살기 좋은 사회도 언어 풍토가 다르다. 특히 정치인, 사회지도층, 젊은이들의 언어 풍토를 보면 그 사회를 알 수 있다. 말하는 데 돈 들지 않는다고 해서 말은 기분에 따라서 할 것이 아니라 자기가 한 말이 가져올 결과와 책임을 생각하고 해야 한다. 옛말에 군자가 피해야 할 삼단三端(문사의 붓끝, 무사의 칼끝, 변사의 혀끝)이라는 말은 지금도 우리에게 교훈이 되는 말이다.

언어 사용에서 교양은 사자성어의 한자나 수사학적인 언어 구사 능력보다 더 중요하다. 상대방의 사고를 혼란시키고 판단을 흐리게 하여 거짓을 참인 것처럼 위장하는 궤변으로 상대를 설파하는 기교(화술)보다는 말에 담긴 진실성과 성실성이 더 중요하다. 말과 글은 인생을 살아가는 데 있어서 제2의 생명이다. 만약 우리에게 말과 글이 없다고 한다면, 아니 하루만 없다고 한다면 어떻게 될지 상상해 보자. 우리는 언제나 말과 글에 감사하는 마음으로 이를 갈고 닦아서 질 높고 품위 있는 말과 글을 쓰는 마음의 자세가 필요하다.

말을 품위 있고 잘한다는 것은 사자성어나 고사성어, 외래어, 수사적인 용어나 미사여구를 사용해서 매끄럽게 말하는 것을 말하지는 않는다. 중요한 것은 진실되고 성의가 있고 군더더기 없이 내용의 논리성을 살려 상대나 청중이 잘 이해할 수 있어야 하며, 해야 할 말을 충분히 표현하는 경우를 말한다. 하지 말아야 할 말을 하고 나서 후회하는 일이 없도록 말에는 책임이 따른다는 윤리 의식을 명심하지 않으면 안 된다. 말은 때와 장소에 따라 이에 가장 잘 부합되는 말로 다듬어 쓸 때 품위 있는 말이 되어 인품도 성숙하게 된다.

러시아의 대문호 톨스토이 Leo Nikolayevich Tolstoy(1828~1910)는 말했다. '해야 할 말을 하지 못해 후회하게 되는 일이 백 가지 중 하나라면 하지 말았어야 할 말을 해서 후회하는 일은 백 가지 중 아흔아홉이다.' 얼마나 말을 소중하게 생각한 말인가.

명문의 부유한 지주 계급 귀족 가문에서 태어나 한때는 타락의 길(도박·육욕·허영심)을 걸었으나 눈물로 참회하고 자기를 초월해서 참으로 나를 버리고 남을 위해 희생하는 인류애를 실천(농노의 구제)하였다. 그러기에 그는 인간적인 삶과 인간적인 행복을 추구하였고, 인류와 더불어 살고 인류와 더불어 생각하였으며, 무저항을 설교하였다. 또한 제정러시아 정부에 대한 소수민족의 저항 투쟁을 지지한 것도 톨스토이만이 할 수 있는 말이었다.

사회가 발달하고 문명이 진보할수록 개인 간의 차이는 커지게 되고, 개인 유형도 증가하고 다양해져서 사람들은 점점 개성화, 전문화, 분업화되며, 분업은 개인과 개인, 개인과 사회와의 연대와 의존을 긴밀하게 만듦으로써 그 사회 특유의 '도덕 현상'을 만들게 된다는 것을 절감하였다.

이 도덕 현상을 원만하게 이해하고 질서 있게 유지시키기 위해서 말과 글은 그 중요한 수단의 하나이다.

지금 우리 사회의 언어 풍토는 의사 표현의 자유라는 명분하에 책임질 줄 모르는 무분별한 표현의 자유, 간편한 것을 좋게 보려는 편의성 때문에 지나친 표현의 축약이나 합성어, 이치에 맞지도 않는 궤변으로 상대를 논박하는 수사적인 화술 등으로 인해서 황폐화되어 가고 있다.

특히 우리 사회의 정신적인 응집성을 생각할 때 이런 사회의 언어 풍토 속에서는 결코 이 사회 · 국가에 대한 애착심도 가질 수가 없다. 애국심도 이 '애착심attachment'에서 우러난다. 애국심이란 마음속에서 저절로 우러나야 참된 애국심이다. 결코 애국심은 강요나 주입의 대상은 아닌 것을 명심할 필요가 있다.

진정으로 우리 사회는 언어 사회학자가 필요하다. 애국의 길은 다양하다. 언어가 지금 우리 사회에서 어떻게 사용되고 어떤 역할을 하며, 어떻게 변해 가는가를 진단하고, 병폐가 있다면 이를 바로잡을 수 있는 처방을 제시할 수 있는 사람이 절실히 요구되고 있다. 언어와 역사와 영토는 그 민족의 얼이다. 이 말과 글과 역사를 올바르게 발전시켜 나가는 것이 또한 우리가 해야 할 사명인 것이다.

▌선과 악의 싸움

사람의 행위란 어떤 '필요(욕구)'에서부터 시작되며, 이것이 '동기'를 낳으며, 동기는 '의지'를, 의지는 '지향성'을, 지향성은 '행동'을, 행동은 '결과'를 낳아 준다. 일반적으로 말하는 '심정 윤리'는 행동 이전에 심정적인 동기가 중심이 되고 '책임 윤리'는 행동 결과에 중심을 두었을 때 쓰는 말이다.

사람이 짧은 인생을 올바르게 살아간다는 것은 그리 쉬운 일은 아니다. 그것은 사람이란 사람들 속에 있게 되면 자기중심적인 여러 가지 욕구—질투·지배욕·이득과 소유욕 등—가 발동되어 이들의 유혹과 싸워서 도덕적인 선善의 가치를 실현하지 않으면 안 되기 때문이다. 여기서 중요한 것은 그 사람의 '의지'이다. 의지란 단순한 충동이나 본능이나 욕망과는 달리 필요와 동기에 근거하면서도 동기에 대해서 자각적인 태도로 동기에 대해 결단하는 능력이다. 이 점에서 의지란 사람들의 행동과정에서 선악을 가려 실천하는 정신적인 제동장치의 기능과 같다.

선·악의 '싸움'이란 자기 내면에 깃들어 있는 도덕의 적(악)과 싸워서 도덕적인 선善을 실현하며, 자신의 행위를 예외화例外化하는 것을 거부하고 보편성을 지닌 준칙에 따라서 행동하려는 '의지가 갖는 가치'의 실현을 위한 싸움인 것이다.

때문에 우리가 선의 실현을 위해 싸워야 할 대상은 보편적인 준칙에서 벗어난 예외적인 사람으로 만들려고 하는 유혹이나 퇴폐적인 욕망이다. 이러한 잘못된 행동 경향성이 우리가 싸워야 할 구체적인 대상이다. 만약 이와 같은 퇴폐적인 욕망에 매이게 된다면 그런 사람은 그 욕망의 노예가 되고 말 것이다. 학교에서 부정행위를 해서라도 졸업시험에 쉽게 합격하려고 하는 사람, 문서를 위조하여 금전상의 이익을 획책했다면 이런 사람은 잘못된 나와의 싸움에서 패배한 사람이다.

그러나 문제가 되는 것은 잘못된 방법으로 예외의 목적을 달성하고 나서 그 결과에 만족(긍정적 강화)을 얻게 되면 다음에 또

다시 부정을 할 가능성은 높아지게 된다는 점이다. 이런 점에서 잘못된 행동은 처음에 시도했을 때 실패(부정적 강화)로 돌아가 응분의 벌을 받는 것이 본인과 사회를 위해서 잘된 일이다. 욕구 충족이나 목적 달성은 그 가치에 따라서 성공보다 '실패'가 더 좋을 때도 있다.

필자가 대학 현직에 있을 때, 4학년 2학기 교직 과목 시험 때였다. 부정행위를 한 학생 K에게 학점을 주지 않아 졸업을 못하고 1년 늦어지게 되었다. 시험이란 교수에게는 학자로서의 양심 이전에 교육자로서의 양심에 비추어 볼 때 학생들의 학력만이 아니라 '양심'을 시험해 볼 수 있고 키울 수 있는 매우 중요한 도덕 교육의 한 과정이라고 생각한 교육적인 조처였다.

K군은 나를 원망했을지도 모른다. 그렇지만 나는 이 학생을 훌륭한 교사로서의 자질을 함양 훈도하는 것이 학자 이전에 교육자로서의 책임이라고 생각했다. 1년 후 그가 졸업했을 때, 나는 K군의 학교 취직을 위해 백방으로 알아본 결과 서울시에서도 이름 있는 사립 중학교에 취직을 시킬 수 있었다. 그 후 K교사는 서울시 교육감으로부터 모범 교사 표창을 여러 번 받았다. K교사가 내게 찾아와 이런 말을 한 것이 지금도 기억에 남아 있다. "교수님이 그때 나의 부정행위를 관대하게 용서해서 학점을 주셨더라면 오늘날 저는 모범 교사가 될 수 없었을 것입니다."라고. 나는 여기서 교육의 보람을 느꼈다.

우리는 잘못된 목적이 갖고 있는 욕망이 자신을 파멸의 길로 전락시키고 만다는 것을 명심할 필요가 있다. 그렇다고 한다면 잘못된 목적에 저항할 힘을 갖는다는 것은 곧 보편적인 선을 실현하려는 '의지'에 이어지게 된다는 것을 알지 않으면 안 된다.

'의지will'는 단순한 충동이나 본능·욕망과는 다르며, 동기에 근거하여 자각적인 태도로 행위를 결단하는 인간의 능력이다. 이런 의미에서 의지는 선택 의지나 결의성이지만, 궁극적으로는 어떤 목표·목적을 행위에 의해서 실현하려는 정신적 능력이다.

▌'선'에 대한 논의

'선good'이란 일상적인 사물의 세계에서만이 아니라 정신이나 윤리 세계에서도 논의할 수 있지만, '존재'를 초월한 만물의 근거로서도 논의할 수가 있다. 다음 글은 이상과 같은 관점에서 선의 문제를 좀 더 깊이 생각해 보고자 하는 사람을 위해 '다양한 선과 인간의 삶'이란 문맥을 중심으로 생각해 본 것이다.

① 이 세상에 존재하는 만물이 본디 지니고 있는 '자연 본성'에 따라서 그 완성의 경지에 이르렀을 때 이는 가장 바람직한 상태로서 우리는 이를 '존재론적인 선'이라고 한다.
② 무언가를 위해서 쓸모가 있고 도움이 될 때 이를 '실용적인 선'이라고 한다.
③ 지혜로써 사물의 실상을 비추어 보며, 아름다운 관조觀照의

대상으로서 바람직한 것으로 볼 때 이를 '심미적인 선'이라
고 한다.

④ 사람의 마음을 기쁘게 해 주는 것도 바람직한 일이기 때문
에 이를 '기호적인 선'이라고 한다.

⑤ 사람으로서, 국민의 한 사람으로서, 자식으로서 '하지 않으
면 안 되는 행위와 의지'의 근거가 되는 것도 바람직한 것이
어서 이를 '실천적인 선'이라고 한다.

이상과 같은 관점에서 '존재론적인 선'과 '실천적인 선'을 제외
한 실용적인 · 심미적인 · 기호적인 선은 주관적 · 상대적인 선
이다. 이것들은 경우에 따라 '선'일 수도 있고 '악'일 수도 있으
며, 또 어떤 사람에게는 선으로 보이지만 어떤 사람에게는 악으
로 보일 수도 있다.

그러나 이들 주관적 · 상대적 선은 사람들의 일상적인 삶에 가
장 가까운 것이어서 사람들은 그 속에서 살고 있기 때문에 이들
의 선에 어떤 방법으로 대처하느냐가 자신의 삶을 진실되게 하
고 나답게 살아가는 데 매우 중요하다.

이런 점에서 이들 주관적 · 상대적인 선과 존재론적인 선과
실천적인 선과의 관계를 어떤 위계질서로 구성하느냐, 또한 존
재론적인 선과 실천적인 선의 자세(상태)와 이들 선의 관계를 어
떻게 생각하느냐에 따라서 선의 윤리학적인 의미도 다양할 수
가 있다.

또한 선을 '가치론'의 관점에서 '내적·본질적 선'과 외재적이며 '수단적 선'의 관점에서 설명할 수도 있다. 전자는 '선 그 자체를 가치 있다.'고 보며, 후자는 '내적 선이나 최고선을 실현하고 유지하기 위하여 도움이 되는 것'을 선으로 보는 관점이다.

'본질적 선'은 선을 인간의 의식으로부터 독립시켜 선의 가치를 인간에 의존하지 않는 관점에서 보기 때문에 '실재론實在論'의 설명이 가능하다. 선이란 ① 바람직한 것, 또는 올바른 욕망이나 관심을 불러일으킬 수 있는 것, ② 정당한 행위의 목적이 될 수 있는 사물이나 성질, ③ 바람직한 것, ④ 마땅히 가치로서 존재해야 할 것 등으로 본다.

그러나 '외재적'이며 '수단적' 선의 주관론의 관점에서는 ① 선을 부분적으로 인간에 의존한다고 보아, 이를 a. 실제로 바랄 만한 것 또는 관심의 대상, b. 더 구체적으로 제한해서 관심의 대상이 가지고 있는 성질을 정의하게 될 것이다. ② 선은 완전히 인간에 의존한다고 생각하여 선을 a. 욕망 또는 '관심의 충족'이라든가, b. 쾌락주의자와 같이 '말초신경적 만족' 등으로 정의하는 경우이다.

＊＊＊

선善의 실현은 그 사람 인격의 실현이다. '진정한 나'도 이 선의 실현을 통해서 만나게 된다. 더욱이 선의 실현은 비행이나 악으로부터 자유로울 수 있고, 인간이 천부의 본성을 발현하였다는 점에서 선은 아름다움이며, 그 이면에는 행복의 감정을 수반하게 된다는 점에서 그 의미가 더욱 크다.

인간에게 있어서 '자유'의 위대함도 태어날 때 가지고 태어나는 것은 아니며 태어나서 인생의 목적을 어디에 두고 어떻게 살았느냐에 의해서 자유의 가치를 얻게 된다. 결코 신분이나 사회적 지위가 그를 자유롭게 하지는 않는다. 우리나라 고위 관리 후보자의 국회 인사청문회에서 비리로부터 완전히 자유로운 사람이 매우 적은 것이 이를 잘 말해 주고 있다.

지구상에 인간만큼 자기중심적이며 욕심 많은 생명체도 없다. 그래서 아담과 이브의 낙원 추방 설화와 밀턴John Miltton의 『실낙원Paradise Lost』(10권, 1667; 12권, 1678)이라는 서사시도 있다.

인간은 생존을 위해 세대를 계승하여 지배 · 정복 · 소유 · 자유를 쟁취하기 위해 필사적인 도전의 모색을 거듭해 왔다. 이를 위해 인간의 지식과 두뇌는 그 목적 달성의 과정에서 최적의 담당자처럼 자처하여 왔다. 그 결과, 인간은 역사상 가장 치명적인 동물이 되었다. 인간의 지식과 두뇌가 놀라운 발전의 열매를 가져다주었지만, 이제 다시 그 지식과 두뇌의 열매가 인간 위에 군림하는 프랑켄슈타인의 비극적인 우를 범할지 우려하는 사람도 있다.

▌인공지능의 발달 방향은 인간에게 달려 있다

바야흐로 도래할 본격적인 인공지능의 시대에 앞서 과연 기계들이 인류를 얼마만큼 만족시켜 줄 것인가에 대해 많은 논의가 제기되고 있다. 세계적 물리학자 스티븐 호킹Stephen Hawking(1942~2018)이나 마이크로소프트 창업자 빌 게이츠Bill Gates도 엘론 머스크Elon Musk처럼 인공지능이 인간의 머리 위에 군림할 미래를 경계하고 있다.

인공지능은 과학계뿐만 아니라 인문학적 시각에서도 큰 이슈가 되고 있다. 『제3인류Troisième Humanite』(2012)의 저자 베르나르 베르베르Bernard Werber는 "인공지능은 좋은 것도 나쁜 것도 아니다. 모름지기 인간이 어떻게 사용하느냐에 따라 다르다."고 말했다. 역사학자이자 세계적인 베스트셀러『사피엔스Sapiens』(2011)와 『호모 데우스Homo Deus』(2017)의 저자 유발 하라리Yuval Noah Harari는 "기술은 주어진 질문에만 답을 하며 그 질문을 하는 것은 결국 인간이다."라고 말했다. 여기에 다시 부언하여 "가장 큰 문제는 인간 자신이 진정 무엇을 원하는지를 모른다는 것"이라고 말했다.

기계를 사용하는 것은 결국 인간이므로 인공지능이 바꿀 미래 세상에 대해 막연한 두려움이 아닌 주체적인 생각을 가지고 접근해야 한다는 것이다. 이 점에서 인간의 존엄성을 지키고자 하는 '윤리 의식'이 절실해지게 될 것이라고 보았다.

인간 주체로서의 "의식이 없는 과학은 정신의 폐허에 지나지 않는다."라고 프랑스의 인문학자이자 작가였던 라블레François Rabelais(1494~1553)가 한 말은 500년이 지난 지금도 똑같이 진리이다.

　인간은 과학의 힘만으로는 결코 행복하게 살아갈 수 없다. 정의·사랑·인권·아름다움·윤리 같은 인문학적 상상력의 가치도 필요하다. 인문학은 유한한 인간의 육체 안에 숨어 있는 무한한 마음과 지능에 대해서, 인간이 어떤 가능성의 존재인지 탐구해왔다. 과학은 명제의 참·거짓을 따지는 데는 유용하지만 가치를 판단하는 데는 도움이 되지 못한다.

　사람이 왜 올바르게 살아야 하는지를 설명하는 것은 과학의 능력 밖이다. 이는 과학의 대상이 아니다. 가치를 판단하는 것은 인문학의 몫이다. 인공지능의 시대에 중요한 질문은 기계가 아니라 인간의 가치에 대한 물음이다.

　유발 하라리는 "자연의 힘에 맞선 오랜 생존 투쟁으로부터 자유로워진 인류가 이제 스스로를 신으로 업그레이드하려 들고 있다."며 "인본주의를 대체한 알고리즘algorism 중심의 가치관과 기술력으로 죽음을 극복하려는 움직임이 미래 사회를 주도할 것"이라고 전망하고 있다. 특히 "인공지능 관련 기술과 지식이 소수인의 특정 계층에 독점되어 소수인의 전유물이 되어 심각한 사회적 불평등이 야기되어 시장경제의 자율에만 맡길 수 없는 문제도 가지고 있다."라는 보고도 있다.

인간의 문제를 해결하기 위해 인간이 만들어 낸 인공지능의 방향성은 당연히 인간에게 혜택이 가고 이로운 방향으로 정해져야 한다. 그러나 개인이 자신도 모르는 사이에 기술에 납치돼 속박되는 일이 생겨서는 안 된다. 인공지능 시대에서는 객관적인 과학 지식만이 아니라 인문학적인 발상의 가치도 인정해야 한다.

미국 조지아 공과대학에서는 '질 왓슨Jill Watson'이라는 인공지능 조교를 이용해 학생들의 질문에 답하고 상담을 해 줌으로써 그 효과가 좋았음을 보고한 바도 있다. 이 경우에 인공지능 조교의 비용이 적게 들었다면 대학원생 조교를 해고하는 것은 합리적이고 과학적이다. 그러나 인공지능 도입으로 절약된 예산을 해고된 대학원생에게 무상으로 도와주게 되면 이 대학원생은 조교 업무에 낭비할 시간을 아껴 그만큼 연구에 더 집중할 수 있게 된다. 이렇듯 인공지능으로 얻은 이익을 어떻게 사용할 것인가의 문제는 인문학적인 사고의 틀로 바꾸지 않으면 인간은 불행해질 것이다.

우리는 지금 인공지능 이슈의 시대를 살아가고 있다. 이제 인공지능은 사람의 인지 능력을 빠르게 따라잡고 있다. 알파고와 이세돌의 바둑 대국, 자동차 자율 운전, 사람이 감정을 표현할 때 짓는 표정 변화 데이터를 바탕으로 사람과 가장 유사한 표정을 가진 인공지능을 만들기 위해 개발된 '얼굴 표정 검출 및 감정 인식' 소프트웨어 등이 이를 잘 말해 주고 있다.

인공지능이 이런 식으로 발전해 감으로써 사람은 기계에 가까워져 가고 기계는 사람에 가까워질 것으로 보일 것이다. 그 결과 인간의 지능은 의식에서 분리되고 사람 몸은 알고리즘(문제를 풀고 결정을 내리는 데 사용할 수 있는 일군의 방법론적 단계들)이며 생명은 데이터 처리 과정에 지나지 않아 보일 것이다.

그러나 의사결정 과정에 미치는 뇌의 메커니즘을 연구하는 뇌과학자는 인간의 문제를 해결하기 위해 인간이 만들어 낸 도구인 인공지능은 당연히 인간에게 이로운 방향으로 만들어질 것이라고 말한다.

이제 우리는 인공지능 기술 발달이 가져올 충격에 어떻게 대응할지, 생활의 패턴이 달라짐으로써 우리가 겪게 될 사고방식과 가치관, 윤리의식의 변화에 대한 대응책도 강구할 필요가 있다. 과학의 발달이 도덕의식의 발달에 기여하지 못한 지난날의 역사를 통해서 우리는 이 점에 대해 묵과해서는 안 된다.

인공지능의 방향성 결정은 아직은 기술에 있지 않으며 인간에게 있다. 그렇지만 우려되는 것이 있다. 그것은 기술이 발달해 갈수록 인간의 마음·사고·행복·윤리 같은 것이 어떻게 변할지에 대해서 무관심해져 가고 있다는 점이다.

인공지능이 인간의 노동을 자동화해 주고 불확실한 미래를 예견(계산)할 수 있게 해 주기 때문에 분명 사람들의 사고방식이나 생활 패턴도 달라질 것이 분명하다. 그 결과 본질보다는 방법론적인 단계를 더 중요시하게 되고 생활의 신속·편의성이나 능률만을 중시함으로써 사람이 지켜야 할 사회적 윤리의식이나 연대의식이 쇠퇴해서는 안 될 것이다.

벌써부터 미래를 어둡게 하는 일이 일어나고 있으니 인간의 윤리의식의 각성이 촉구된다. 공개채용시험에서 응시자의 자기소개서 '평가'에 인공지능 채점관이 등장했다는 사연이다. 이 방법이 경제적이며 부정이 개입되지 않아서 편리하다. 그러나 취업준비생들은 "채용 비리가 얼마나 심하면 인공지능이 자기소개서를 평가하느냐."라며 비난의 소리가 높다.

이 간단한 사례는 인공지능의 발달만으로는 사람이 행복할 수 없으며 과학은 참과 부정을 따지는 데에는 도움이 되지만 삶의 가치를 판단하는 데는 도움이 되지 못한다는 교훈을 주고 있다. 진정으로 인공지능의 발달 의미는 인간에게 달려 있다.

***

다음에 소개하는 타고르의 시는 필자가 애송하고 있는 시이며, 이는 진정한 나로서 살아가는 정신적 양식이 되어 줄 수 있을 것으로 믿는다.

Let me not pray to sheltered from dangers but to be fearless in facing them

Let me not pray to be sheltered from dangers but to be fearless in facing them.

Let me not beg for the stilling of my pain but for the heart to conquer it.

Let me not look for allies in life's battlefield but to my own strength.

Let me not crave in anxious fear to be saved but hope for the patience to win my freedom.

Grant that I may not be a coward, feeling Your mercy in my success alone; But let me find the the grasp of Your hand in my failure.

위험으로부터 지켜 주기를 기도하는 것이 아니라,
두려워하지 않고 위험에 맞설 수 있는
인간이 될 수 있도록 해 주십시오.
아픔이 진정될 것을 기도하는 것이 아니라,
아픔을 이겨내는 마음을 구하는
인간이 될 수 있도록 해 주십시오.
인생의 싸움터에서 동지를 찾는 것이 아니라,
오직 자신의 힘을 찾는 사람이 될 수 있도록 해 주십시오.

공포에 떨면서 도와주기만을 갈망하지 않고,

오직 자유를 쟁취하기 위한 인내를 소망하는

인간이 될 수 있도록 해 주십시오.

나의 성공 안에서만 그대의 자비를 느끼는 비겁자가 아니라,

내가 실패했을 때, 그대의 손에 붙잡혀 있음을 발견할 수 있는

그런 인간이 되도록 허락하여 주시옵소서.

—라빈드라나트 타고르*Ravindranath Tagore*(1861~1941)*

『열매 모으기*Fruit-Gathering*』(1916)에서

---

*타고르는 명문의 브라만 계급의 사상가이며 힌두교의 근대적 종교 개혁자인 아버지 데벤드라나트 타고르Devendranad Tagore(1817~1905)의 7형제 중 막내아들로 캘커타에서 태어났다. 법학을 공부하기 위해 영국에 갔으나(1877) 이듬해에 귀국하여 벵골 가까운 곳 산티 니케탄에 평화학원(1901)을 설립하였으며, 후일에 이 학원은 비슈봐바라티Visbabharati 대학교가 되었다(1926). 1883년에는 바바타라니Bhavatarani와 결혼하였으며, 1884년에는 귀향, 1885년부터는 아버지의 농장을 관리하고 전원생활을 하면서 벵골어로 민족의 전통에 뿌리 내린 시를 쓰기 시작하였다. 그는 작곡·회화·희곡·소설·논설·교육 등 폭넓은 활동을 아끼지 않았다. 그의 철학은 「우파니샤드Upanisd」(인도 바라문교 사상의 근본 성전聖典인 『베타Veda』 제4부의 부분)의 범아일여梵我一如의 일원론적인 사상(우주의 영〈범梵〉과 인간의 영과의 조화합일)에 근거하고 있으며, 이는 그로 하여금 선善과 사랑의 위대한 힘을 믿게 하였으며, 인류의 평화를 위해 살게 하였다.

그러기에 그의 시는 신비적·범심론적 정신에 새로운 시 형식과 운율을 살려 벵골의 민화와 일상생활을 소재로서 쓰여졌으며, 이로 인하여 인도 문학에 새로운 측면을 개척할 수가 있었다. 특히 1909년 신에게 바치는 송가頌歌라는 뜻의 시집 『기탄잘리

Gitanjali』는 그의 이와 같은 철학적 사상의 일면을 보여 준 것으로서, 1912년에 영역된 『Gitanjaly』 서문을 쓴 아일랜드 최대의 신비적 서정시인이며, 극작가인 윌리엄예이츠William Butler Yeats(1865~1939/1923년 노벨문학상 수상)는 인도문명 그자체와 영혼을 잘 표현하였음을 극찬하였으며, 그의 노벨문학상 심사를 맡은 스웨덴의 작가 헤이덴스탐Carl Gustaf Verner von Heidenstam(1859~1940)으로부터는이 시에 담긴 감정과 시상에 스며 있는 열정·사랑·경건성·순수성과 표현 스타일의 고상함, 자연스러움, 장엄함 등의 배합이 너무도 아름답게 창조되어 있음을 극찬받기도 하였다.

그는 특히 암울했던 우리 민족에게 희망으로 격려하고자 일제 강점하에 있는 우리나라를 '등지기의 하나one of it's lamp-bearers'로 보아 일찍이 1916년에 조선민족에게 보냈던 시 「패자의 노래the Song of the Defeated」가 『청춘』(1914년 10월에최남선에 의해 창간된 청년을 위한 계몽 월간 종합지이며, 1918년 8월에 폐간됨)의1917년 11월호에 게재되기도 하였다. 또한 1929년 3월 28일에는 『동아일보』 기자에게 다음과 같은 무제의 6행시를 써 준 것으로 유명하다.

In the golden age of Asia
Korea was one of it's lamp-bearers
And that lamp is waiting
to be lighted once again
for the illumination
in the East

그러나 번역자 주요한(동아일보 편집국장 대리)은 4행으로 다음과 같이 번역하여1929년 4월 2일자지에 실었다. 이때 이 시를 소개한 기사 표제는 '빛나는 아세아 등촉燈燭, 커지는 날엔 동방의 빗'으로 소개되었다.

일찍이 아세아의 황금시기에
빛나던 등촉燈燭의 하나인 조선
그 등불 한 번 다시 켜지는 날에
너는 동방의 밝은 빛이 되리라

이는 타고르의 저서 『민족주의Nationalism』(1917)에서 "동방에서 영원한 빛이 다시 빛날 것이다. 동방은 인류 역사 아침 태양이 태어난 곳이다. 아시아의 가장 동쪽 지평선에 이미 동이 트고, 태양이 떠오르지 않았다고 누가 확인할 수 있겠는가? 그리고 나는 나의 조상 현인들처럼 다시 한번 온 세계를 밝힐 동방의 일출에 경의를 표한다."고 고백하고 있다. 이와 같은 동방에 대한 예언자적인 기대와 희망은 우리나라에 기고한 시상과 어휘에서도 잘 나타나고 있다.

저자 소개

정인석

1929년 10월 16일(음) 전남 가인 병영(兵營)에서 출생하였으며, 서울대학교에서 문학사(교육학 전공), 교육학 석사학위(교육심리학 전공)를, 한양대학교에서 교육학 박사학위를 받았다. 조선대학교 교수, 고려대학교·숙명여자대학교·한양대학교 외래교수, 명지대학교에서 교수 및 사회교육대학원장을 역임하였고, 현재 한국트랜스퍼스널학회 고문으로 있다.

[저서]
교육심리학(재동문화사, 1965)
청년심리학(재동문화사, 1966)
교육원리(형설출판사, 1967)
생활지도(공저, 재동출판사, 1970)
현대교육원리(재동출판사, 1973)
교육원리(공저, 삼광출판사, 1975)
현대교육심리학(재동출판사, 1976)
심리학요론(재동문화사, 1977)
Durkheim의 도덕교육론(재동문화사, 1982)
청년발달심리학(재동문화사, 1982)
교육심리학(개정판, 재동문화사, 1984)
교육학개론(재동문화사, 1985)
신교육학개론(교육출판사, 1986)
교과교육론(교육출판사, 1987)
현대심리학개론(교육출판사, 1987)
신청년심리학(대왕사, 1988)
신교육심리학(개정판, 대왕사, 1989)
상담심리학의 기초이론(대왕사, 1991)
인간존중을 위한 교육의 탐구(교육출판사, 1996)
트랜스퍼스널 심리학: 동서의 지혜와 자기초월의 의식(대왕사, 1998)
자기를 이기는 자가 자유롭다: 구제프의 사상과 가르침(학지사, 2001)
트랜스퍼스널 심리학(제2판, 대왕사, 2003)

삶의 의미를 찾는 역경의 심리학(나노미디어, 2003)

인간중심 자연관의 극복(나노미디어, 2003)

상담심리학의 기초(대왕사, 2006)

삶의 의미를 찾는 역경의 심리학(제2판, 나노미디어, 2008)

의식과 무의식의 대화(대왕사, 2008)

트랜스퍼스널 심리학(제3판, 대왕사, 2009)

용기있는 사람으로 키우는 심리학의 지혜(대왕사, 2011)

의미 없는 인생은 없다: 빅토르 프랑클의 의미심리학(학지사, 2013)

자기 설득, 마음을 치유하는 길(나노미디어, 2014)

감성의 메시지와 상담심리(학지사, 2016)

역경이 있어 삶의 의미가 있다(제3판, 나노미디어, 2018)

[역서]

Robert, F, Dehaan, *Accelerated Learning Programs*, 1963. (촉진학습을 위한 교육. 서울: 재동문화
사, 1968)

William R, Niblett (ed.) *Moral Education in a Changing Society*, 1963. (변천하는 사회의 도덕교육.
서울: 교육출판사, 1985)

Anna Freud, Einfürung in die Psychoanalyse für Pädagogen, Translated by Barbara Low,
Psycho-Analysis for Teachers and Parents, Gergo Allen & Unwin, 1963. (안나 프로이트가 풀
어 주는 아이들의 심리. 서울: 열린책들, 1999)

Warwick Rox, *Toward a Transperssonal Ecology: Developing New Foundation for
Environment*, Boston, Mass: Shambhala, 1995. (트랜스퍼스널 생태학: 인간중심 환경주의를 넘어
서. 서울: 대운출판사, 2002)

Arnold Mindell, *Working on Yourssell Alone*, Oregon: Lao Tse Press, 2002. (명상과 심리치료의 만
남. 서울: 학지사, 2011)

Stanislav Grof (ed.). *Ancient Wisdom and Modern Science*, Albany, N.Y. : State, University of
New York Press, 1984. (고대의 지혜와 현대과학의 융합. 서울: 학지사, 2012)

진정한 나는 어디에 있는가

2018년 11월 1일 1판 1쇄 인쇄
2018년 11월 15일 1판 1쇄 발행

지은이 • 정인석
펴낸이 • 김진환
펴낸곳 • ㈜**학지사**

04031 서울특별시 마포구 양화로 15길 20 마인드월드빌딩
대표전화 • 02-330-5114   팩스 • 02-324-2345
등록번호 • 제313-2006-000265호

홈페이지 • http://www.hakjisa.co.kr
페이스북 • https://www.facebook.com/hakjisa

ISBN 978-89-997-1706-2 03180

정가 14,000원

이 도서의 국립중앙도서관 출판시도서목록(CIP)은 서지정보유통지
원시스템 홈페이지(http://seoji.nl.go.kr)와 국가자료공동목록시스템
(http://www.nl.go.kr/kolisnet)에서 이용하실 수 있습니다.
(CIP 제어번호: CIP2018035918)

교육문화출판미디어그룹 **학지사**
심리검사연구소 **인싸이트** www.inpsyt.co.kr
원격교육연수원 **카운피아** www.counpia.com
학술논문서비스 **뉴논문** www.newnonmun.com
간호보건의학출판 **학지사메디컬** www.hakjisamd.co.kr